宁波地区城市轨道交通工程混凝土耐久性研究及应用

邹玉生 姚 宸 邹蕾蕾 主编

中国建材工业出版社

图书在版编目（CIP）数据

宁波地区城市轨道交通工程混凝土耐久性研究及应用/邹玉生，姚宸，邹蕾蕾主编．－－北京：中国建材工业出版社，2021.6
　　ISBN 978-7-5160-3092-9

　　Ⅰ．①宁⋯　Ⅱ．①邹⋯②姚⋯③邹⋯　Ⅲ．①沿海—地区—城市铁路—铁路工程—混凝土—耐用性—研究—宁波　Ⅳ．①U239.5②TU528

中国版本图书馆 CIP 数据核字（2020）第 212934 号

宁波地区城市轨道交通工程混凝土耐久性研究及应用
Ningbo Diqu Chengshi Guidao Jiaotong Gongcheng Hunningtu Naijiuxing YanJiu ji Yingyong
邹玉生　姚　宸　邹蕾蕾　主编

出版发行：**中国建材工业出版社**
地　　址：北京市海淀区三里河路 1 号
邮　　编：100044
经　　销：全国各地新华书店
印　　刷：北京雁林吉兆印刷有限公司
开　　本：787mm×1092mm　1/16
印　　张：9
字　　数：180 千字
版　　次：2021 年 6 月第 1 版
印　　次：2021 年 6 月第 1 次
定　　价：**68.00 元**

本社网址：www.jccbs.com，微信公众号：zgjcgycbs
请选用正版图书，采购、销售盗版图书属违法行为
版权专有，盗版必究。本社法律顾问：北京天驰君泰律师事务所，张杰律师
举报信箱：zhangjie@tiantailaw.com　举报电话：（010）68343948
本书如有印装质量问题，由我社市场营销部负责调换，联系电话：（010）88386906

编审委员会

主　　任：张付林
副 主 任：黄贵彬
主　　编：邹玉生　姚　宸　邹蕾蕾
参编人员：（按姓氏笔画排序）

王克明	王宏奇	文　熠	尹向红	包晓红
匡　斌	朱立余	刘　逵	祁金平	孙海东
李大伟	吴墀忠	吴耀阳	吴鑫杰	何　山
邹　姣	张　俊	张婷婷	陈金铭	陈　炜
陈　洁	陈雪峰	赵宁宁	胡杨杨	胡纬华
施丽华	钱宏春	高家琦	唐华栋	唐汝楠
景　浩	程宁宇	程咏春	曾海军	谢龙伟
裘玛莹	雷文华	蔡科威	魏　军	

审稿人员：

姚燕明	王小军	周　亮	唐修生	李结元
李志雄	吴招锋	孟庆军	汪海滨	邓剑峰
叶永茂	曾东旭	陈友文		

前 言

混凝土是当今世界用量最大的建筑材料之一，目前，我国混凝土使用量居全球之冠，年用量达 20 亿吨，为我国经济快速发展发挥了极其重要的作用。混凝土结构的耐久性不仅决定着其自身的使用寿命，还直接影响着建筑物的承载能力和安全性。城市轨道交通土建工程设计使用年限为 100 年，工程量大、耗资多，若耐久性不良将会给社会造成极为沉重的负担和严重的安全隐患。因此，从资金节约、资源的有效利用及环境保护等方面综合考虑，必须深入研究混凝土的耐久性问题。

宁波地区的地质具有天然含水量高、压缩性强、流变性高、强度低、透水性低等特点，地下工程施工变形和沉降难以控制，对城市轨道交通工程混凝土结构的耐久性提出了更高的要求。宁波轨道交通工程建设者积极开展混凝土耐久性研究，结合特殊的地质条件，以及工程实施过程中积累的经验总结形成本书，对宁波城市轨道交通工程混凝土耐久性研究及应用具有较强的指导和借鉴参考意义。

本书共六章，结合宁波市推进高水平交通强市基础设施建设、安全生产综合治理三年行动计划等相关文件要求及宁波市重大（重点）科技攻关计划项目研究课题（编号 2010C50018）和典型工程应用案例，基于宁波地区城市轨道交通工程的实际情况，针对复杂环境下的混凝土耐久性研究，重点解决地下水的压力渗透、氯离子（Cl^-）的侵蚀、硫酸根离子（SO_4^{2-}）的侵蚀碳化、酸雨腐蚀、碱-集料反应及杂散电流的腐蚀等恶劣环境对混凝土结构的影响。提出城市轨道交通工程混凝土结构的防裂管理、混凝土原材料优选、配制技术优化、混凝土施工质量控制管理研究等成果，保障了宁波地区城市轨道交通工程的混凝土结构耐久性。

在本书编写过程中，编者参阅了相关文献和研究成果，在此谨向这些文献和研究成果的作者表示感谢。本书的出版得到了行业专家、同仁、合作者的热情帮助，在此向本书出版的参与者、支持者表示由衷的感谢！同时感谢中国建材工业出版社的大力支持，使本书得以顺利出版。

鉴于混凝土的复杂性，虽然编者在系统性、整体性、前瞻性和实用性等方面付出了极大的努力，但由于水平和时间有限，疏漏与不足之处在所难免，真诚希望各位读者批评指正，并提出宝贵意见！

编　者

2021 年 4 月

目 录

1 绪论 ··· 1
   1.1 研究背景和意义 ·· 1
   1.2 国内外研究现状及存在的问题 ··· 2
   1.3 主要研究内容 ··· 16

2 轨道交通工程混凝土结构耐久性设计及性能研究 ······················· 18
   2.1 概述 ··· 18
   2.2 耐久性设计原则及依据 ··· 27
   2.3 混凝土结构耐久性设计 ··· 29
   2.4 混凝土耐久性施工技术要求 ·· 35
   2.5 混凝土结构耐久性检测与维护 ··· 42
   2.6 结论及建议 ·· 43

3 轨道交通工程管片混凝土配制技术及工艺研究 ·························· 45
   3.1 概述 ··· 45
   3.2 原材料及试验方法 ·· 48
   3.3 管片混凝土配合比设计 ··· 49
   3.4 蒸汽养护对管片混凝土物理力学性能影响的研究 ················· 52
   3.5 管片混凝土耐久性及长期性能研究 ···································· 56
   3.6 结论及建议 ·· 58

4 轨道交通工程现场质量控制措施 ·· 60
   4.1 概述 ··· 60
   4.2 监测工程部位 ··· 60
   4.3 温控原则 ··· 60
   4.4 温控标准 ··· 61

  4.5 现场温度控制措施 ························· 61
  4.6 现场监控 ································· 64
  4.7 建议 ··································· 65

5 宁波地区轨道交通工程机制砂及机制砂混凝土技术指南 ··· 67
  5.1 总则 ··································· 67
  5.2 机制砂的生产与检验 ······················· 69
  5.3 机制砂的技术标准 ························· 71
  5.4 机制砂的检验方法 ························· 74
  5.5 机制砂混凝土的配制 ······················· 74
  5.6 机制砂混凝土的施工控制 ··················· 85
  5.7 机制砂混凝土的质量检验与验收 ············· 90

6 轨道交通工程混凝土施工技术规程 ················· 95
  6.1 总则 ··································· 95
  6.2 术语 ··································· 95
  6.3 基本规定 ······························· 96
  6.4 原材料技术要求 ··························· 99
  6.5 混凝土配制 ····························· 103
  6.6 混凝土施工 ····························· 105
  6.7 本规程用词用语说明 ····················· 111

附录 A 矿物掺合料抑制碱-集料反应有效性试验方法 ······· 113

附录 B 混凝土电通量标准试验方法 ····················· 116

附录 C 混凝土氯离子扩散系数快速测定方法（RCM） ····· 119

附录 D 混凝土抗裂性能试验——平板试件 ··············· 125

附录 E 混凝土出机口温度、浇筑温度计算 ··············· 128

参考文献 ··· 130

1 绪 论

1.1 研究背景和意义

轨道交通工程设计基准期为 100 年,对混凝土耐久性提出了很高的要求。轨道交通工程主要分为车站结构、地下区间结构、高架车站和高架区间结构,采用的施工方法较多,结构形式多样。地下车站主要采用盖挖法和明挖法;结构形式以板、梁、柱等框架结构为主,厚板结构较多,大多属于大体积混凝土结构;主体结构复杂、超长,结构形式多样,且为保证建筑和交通组织功能,不设变形缝,混凝土结构受到的约束较大,容易开裂。地下区间以盾构施工法为主,部分区间采用明挖法;盾构隧道结构以圆形盾构为主,以单层管片为主要衬砌结构;明挖隧道结构以板、梁、柱等框架结构为主,与车站结构类似。高架区间采用预制和现浇等施工方法,结构形式多样,包括桩、承台、墩、盖梁、小箱梁。

工程混凝土建设和使用环境较为恶劣,主要受以下几个方面的影响。其一,地下结构长期处于潮湿和地下水流经的环境中,不仅遭受地下水的压力渗透作用,还受到水中较高浓度氯离子(Cl^-)的侵蚀,氯离子渗透后腐蚀钢筋;其二,由于工程所处位置地质条件较差,地下水位高,给混凝土的防裂抗渗提出了更高的要求;其三,碳化环境影响,并在运营期间 CO_2 含量随车流和客流量增大而增大,加剧了对混凝土结构的碳化作用。基于轨道交通工程的结构特点和使用环境的影响,对轨道交通工程混凝土施工采用高耐久性混凝土,并采取各种措施防止混凝土裂缝产生,提高混凝土抗渗透性,对整个工程结构的质量和使用寿命有着十分重要的影响。

提高轨道交通工程混凝土结构的耐久性是一个复杂的系统工程,就建设期而言,混凝土耐久性首先取决于原材料及配合比的优选,不仅与施工工艺、质量控制、管理水平直接相关,还要受结构设计、使用环境及成本投入等多种因素的影响。针对地铁车站混凝土和管片混凝土,分别通过高性能混凝土配合比配制技术研究、混凝土施工工艺研究、混凝土质量控制研究和现场控制措施等手段提高混凝土的性能，提高工程结构耐久性是十分必要的。

1.2　国内外研究现状及存在的问题

混凝土是轨道交通工程的主体结构材料，其耐久性决定了工程使用寿命。针对大量已建轨道交通出现的开裂、渗水、钢筋腐蚀等病害，国内外正在积极开展这方面的研究。

1.2.1　机制砂混凝土的配置与性能研究

机制砂是岩石经除土开采、机械破碎、筛分制成的，粒径在4.75mm以下的岩石颗粒，但不包括软质岩、风化岩石的颗粒，其形状多为立方体和棱角状。机制砂中粒径小于0.075mm的颗粒称作石粉。机制砂在粒形、级配与0.075mm以下颗粒含量等方面与天然砂存在显著的差异，因此也导致了其对混凝土性能的影响与天然砂存在巨大差异，针对机制砂特性及其对混凝土性能的影响，国内外学者进行了大量的研究。

1. 机制砂特性

机制砂由岩石破碎而来，其母岩材质、生产设备和工艺、水洗或除尘工艺均极大地影响其特性。主要特性参数包括颗粒特性、级配、石粉含量、MB值等，与河砂有较大差异。

由于机制砂颗粒具有多棱角、形状不规则、表面粗糙、含有不少针片状颗粒的特点，颗粒相互咬合，流动阻力大，且级配不良，粒径通常是两头多中间少，即粗颗粒（2.36mm以上）和细颗粒（0.15mm以下）较多，但中间颗粒（尤其是0.3~1.18mm）较少的特点。机制砂拌制的混凝土工作性较差，易产生离析，但机制砂中含有适量的石粉可以完善集料的级配，起到润滑和填充作用，改善混凝土工作性，增加混凝土的密实度，提高强度和抗渗性能，石粉过多会降低混凝土强度；机制砂颗粒间的咬合作用及对集料与水泥浆之间的黏结强度的增强作用能够提高混凝土的抗折强度和抗拉强度，对混凝土的变形有限制作用。

2. 机制砂特性对混凝土的影响

长期以来，机制砂对混凝土性能影响研究主要集中在母岩岩性、石粉含量、级配和颗粒特性、MB值等。其中，石粉含量、机制砂级配和颗粒特性是研究热点，国内外研究较多。

（1）母岩岩性。机制砂的质量很大程度上取决于母岩的物理性能、加工工艺和机械设备等因素。机制砂作为大宗建筑材料，不适宜远距离运输，一般建筑施工均采取就地取材的方式选取原材料。因此，各地在生产机制砂时，多选用当地产抗压强度较高、无碱活性的岩石作为制砂母岩。我国幅员辽阔，各种岩性岩石分布广泛，其中石灰岩矿分布最为广泛，但有些地区还广泛分布着其他岩性的岩石。我国东南和东北地区花岗岩广泛分布，而我国西南、内蒙古和南京等地区又是以玄武岩分布为主。

由于国内石灰岩分布最为广泛，因此机制砂的研究多局限于石灰岩机制砂的研究，对于其他岩性的机制砂研究较少，也不系统。一般认为石灰岩石粉并非完全惰性，它在水化的过程中可以与水泥中的 C_3A 和 C_4AF 发生反应，生成水化碳铝酸钙，从而改善水泥基材料的一些性能。

(2) 石粉含量。石粉对机制砂混凝土性能影响的研究，是机制砂混凝土研究的核心内容。由于机制砂颗粒形状粗糙、尖锐、多棱角，比表面积大，与天然砂相比，用机制砂配制的混凝土需水量大，工作性稍差，易离析泌水。这在水泥用量少的低强度等级混凝土中表现得尤为明显。国内外学者就石粉含量对机制砂混凝土的工作性、力学性能、体积稳定性、耐久性均进行了大量的研究。目前，针对机制砂中石粉含量对混凝土的影响主要有以下几个研究热点：

① 石粉含量对混凝土工作性的影响。国内外就石粉含量对混凝土工作性影响研究较多，研究者关于石粉含量对机制砂混凝土和易性影响方面的结论不一致。一部分学者认为：与河砂混凝土相比，石粉增大混凝土的需水量导致混凝土比较干稠，和易性变差；另一部分学者认为：石粉对机制砂混凝土和易性的影响存在一个度的问题，也就是最优石粉含量的问题，超过了这个度，石粉对混凝土和易性有不良影响。

② 石粉对混凝土力学性能的影响。有研究表明，机制砂混凝土比河砂混凝土的强度高，即使机制砂部分取代河砂，其强度变化规律也是如此。而石粉含量的变化对机制砂混凝土强度的影响情况则比较复杂，研究者对不同水胶比的机制砂混凝土的研究也得出了不同的试验结论。

③ 石粉含量对混凝土体积稳定性的影响。机制砂对混凝土体积收缩研究成果不尽相同，但普遍认为石粉含量有一个合理的值，超过该值时随石粉含量增大混凝土收缩增加，低于该值时收缩也呈增加的趋势。

④ 石粉含量对混凝土长期耐久性的影响。一般认为机制砂中的石粉可使机制砂混凝土具有很好的黏聚性和保水性，改善了离析泌水现象，有利于水泥石结构和界面的黏结，阻断了可能形成的渗透通路，使混凝土的抗渗性得到改善。

研究表明，适量的石粉可以提高混凝土强度、改善工作性和增大混凝土容重。就级配而言，适量的石粉可以提高集料的堆积密度，提高混凝土的致密性，从而提高其抗渗性能。拌合物中含有大量石粉可以显著地降低混凝土的泌水和离析趋势。但是，石粉含量过高时，会增大混凝土的收缩，特别处在干湿环境中的混凝土。石粉含量过高，不利于混凝土的施工抹面，并会降低混凝土的含气量，这时一般要掺外加剂来克服这些不利问题。

由于机制砂中一定含量的石粉对混凝土性能指标有改善的作用，国家标准《建设用砂》（GB/T 14684—2011）在 2001 版的基础上放宽了石粉含量的指标要求，规定 MB≤1.4 或快速法试验合格时石粉含量限值为 10%，MB>1.4 或快速法试验不合格时石粉含量限值按Ⅰ、Ⅱ、Ⅲ类砂分别为 1.0%、3.0% 和 5.0%。对机制砂有研究的各国标准均对石粉含量提出了各自的要求，其限值不尽相同。美国 ASTM C33 限定机制砂的石粉应在 5%~7%，其他规范的限定值则大一些；法国（NFP18-540，1997）其值在 12%~18% 之间选定。西班牙混凝土标准限定石粉含量（粒径小于 $63\mu m$）的最大值为细集料总体积的 15%；英国规范（BS 882）的限定值为 15%；印度规范的限定值为 15%~20%；澳大利亚的则为 25%（如果经过客户允许），但不准超过全部集料的 5%。

（3）级配和颗粒特性。河砂经长期的水流搬运与磨蚀，表面光滑、圆润，配制出的混凝土工作性能优良。但机制砂为机械破碎而成，其颗粒多棱角且表面粗糙，因此相对于天然砂而言，机制砂颗粒需要更多的浆体包裹，即达到相同工作性时，需要更多的用水量或胶凝材料用量。同时，不同类型制砂机破碎出的机制砂粒形也具有较大的差异，通常采用立轴式冲击破碎机、棒磨式破碎机制出的机制砂粒形更好，针片状颗粒更少，配制出的混凝土工作性能更加优异，或达到相同工作性条件下，可减少水泥用量或用水量。

集料颗粒的粒径分布对混凝土拌合物的工作性、抗离析和泵送性能有着重要影响，研究表明，相比间断分布的集料而言，采用粒径连续分布的集料得到的拌合物会具有更好的工作性能。Jarvenpaa 以 21 种不同类型的细集料为对象，研究了细集料的特点对混凝土强度的影响。得出粒径在 31.5~4.0mm 颗粒的针片状含量以及粒径在 0.125~4.0mm 颗粒的 Los Angeles 指数，对强度的影响是最重要的因素。同时，也得出细集料的粒形和孔隙率对流动性的影响比水泥用量的影响更大一些。

Golterman 等人的研究表明，机制砂的级配会影响硬化后混凝土的体积稳定性及耐久性。并认为级配连续分布的颗粒使集料具有较高的堆积密度，从而可以提高混凝土的抗渗性能，进而提高混凝土抵抗腐蚀的能力。

机制砂中某段粒级颗粒的过多或过少都会使混凝土的工作性变差，从而导致耐久性变差。当机制砂太粗时，会导致拌合物泌水、离析和"粗涩"；但如果太细，则导致混凝土拌合物需水量增加，也将不利于混凝土强度和耐久性的提高。

（4）MB 值。MB 值是用于判定机制砂中小于 75μm 颗粒的吸附性能的指标。机制砂中小于 75μm 的颗粒除与母岩岩性相同的石粉外还含有带入母岩中的山皮破碎而成的泥粉。泥粉一般较细，增加了集料的比表面积。另一方面，黏土类矿物通常有较强的吸附性，成为 MB 值增加的主要因素。因此，MB 值对混凝土的影响主要由泥粉的影响决定。目前，国内外对 MB 值研究较少。一般认为泥粉在集料中有三种存在形式：包裹型、松散型以及团块型。包裹型：泥粉以浆状黏结或包裹在集料表面，这种形式将直接影响到集料与水泥石的黏结；松散型：泥粉均匀地分布在集料中，在某些情况下可以起到改善新拌混凝土和易性，提高密实性的作用。但是，它将增加混凝土的用水量，对混凝土质量产生不利的影响；团块型：泥粉聚集成较大的泥团存在于集料中，这种形式的泥粉对混凝土的各种性能都产生不利的影响。在这三种形式中，团块型对混凝土性能危害最大，其次是包裹型，松散型对混凝土性能的影响最小。

袁杰等人研究表明：泥粉含量对不同强度等级混凝土强度的影响是不同的，对低强度等级混凝土的影响不大，而对高强度等级混凝土的影响较大，随黏土含量的增加，C30 混凝土的抗压强度降低不明显，而 C60 混凝土抗压强度降低 16%。同时，砂中泥粉含量的增加，混凝土抗渗性逐渐变差，混凝土干缩值增大。研究还表明，当泥粉含量小于 3% 时，泥粉含量对混凝土收缩的影响随着泥粉含量的增加而增长得比较缓慢，但当泥粉含量超过 3% 时，泥粉含量对混凝土的影响将快速增长。Ahn 等人还对 MB 值与抗压强度的关系进行了统计，总结出了一个关系式：$y = 9881 - 4942x + 964x^2$（$x$ 代表被修正的亚甲蓝值，y 代表砂浆 28d 立方体抗压强度），总体来说，随亚甲蓝值增大，混凝土抗压强度下降（$R^2 = 0.77$）。

3. 机制砂混凝土工程应用

与天然砂相比，机制砂及机制砂混凝土有以下技术和经济性优势：

（1）天然砂开采受季节影响，供应量及品质不稳定，细度模数和含泥量波动较大；而机制砂细度模数和含泥量在砂源、工艺稳定条件下相对稳定；

（2）由于机制砂多棱角，其混凝土力学性能优于天然砂混凝土；

（3）机制砂中含有一定的石粉，石粉能够起到润滑作用，对混凝土工作性和耐久性均有改善作用；

（4）由于天然砂资源有限，机制砂价格约为天然河砂的 1/2。

同时，机制砂在混凝土中应用存在以下主要问题：

（1）机制砂棱角过多，对混凝土流动性尤其是大坍落度混凝土的流动性有所影响，可通过原材料优选和配合比优化来改善流动性；

（2）由于表面粗糙，同时机制砂自身存在一定的吸附性，机制砂混凝土关键参数与天然砂混凝土有所不同，往往需要加大胶凝材料用量、水胶比及砂率，需采取严格的措施加强机制砂以及机制砂混凝土的生产控制。

工业发达国家和地区对机制砂的应用研究较早，如一些岛屿国家（如英国、日本等国家），由于受地域条件的限制，天然砂的来源十分困难，使用机制砂已有几十年的历史。日本在20世纪80年代天然集料与人工集料的比例大约为0.9：1，20世纪90年代则降为0.5：1。目前日本、英国已100%采用机制砂作为建筑用砂。美国地质勘探局出于资源利用率和环保的需要，于1996年对机制砂及其母岩进行过调查，该调查显示，机制砂大致占细集料的20%。

在我国水利、水电工程中应用机制砂较早，20世纪60年代中期就开始了对机制砂的研究。机制砂混凝土也先后在三峡工程、黄河小浪底工程、老煤洞特大桥、渝怀铁路金洞隧道、旗号岭隧道、南昆铁路、怀新高速公路、沪蓉西高速公路、永蓝高速公路、吉茶高速公路等重要工程得到成功应用。

国内贵州、云南、湖北和湖南等地区应用机制砂较多，部分大型桥梁工程用机制砂基本情况见表1-1，水利、水电工程用机制砂应用情况见表1-2。

表1-1 国内部分桥梁工程用机制砂情况

工程名称	强度等级	机制砂指标		混凝土配合比			应用效果
		细度模数	石粉含量（%）	胶材用量（kg/m³）	粉煤灰掺量（%）	水胶比	
贵州坝陵河大桥	C50	3.0	8	485	15	0.37	混凝土可泵性能良好，其他力学性能与耐久性能均满足要求
恩来忠建河大桥	C50	3.0	8	490	20	0.30	塔座和塔柱首节施工顺利
郴州赤石大桥	C50	3.0	8	490	15	0.32	主塔总高达285.6m
贵州北盘江大桥	C50	3.0	8.5	495	15	0.37	混凝土可泵性、和易性较好，混凝土强度达到设计强度等级

续表

工程名称	强度等级	机制砂指标		混凝土配合比			应用效果
		细度模数	石粉含量（%）	胶材用量（kg/m³）	粉煤灰掺量（%）	水胶比	
沪蓉西高速公路	C30~C50	—	—	—	—	—	全线大量使用机制砂

表1-2 国内部分水利、水电工程用机制砂情况

工程名称	设备	机制砂指标		应用效果
		细度模数	石粉含量（%）	
三峡工程	立式冲击破碎机、棒磨机	2.4~2.8	10~17	机制砂生产充分利用了筛下物、立式冲击破碎制砂机产量高、磨耗小，以及棒磨机制砂细度模数可调的综合经济效果。配制的混凝土性能优异，满足工程技术要求
黄河龙口水利枢纽	—	3.15	14.5	设计的混凝土有较高的抗冻、抗渗要求，配制出的机制砂混凝土满足工程技术要求
黄丹电站	采用锤式制砂机与颚式破碎机配套使用，每台班制砂约110m³	2.6~3.0	15~18	混凝土机口取样抗压强度离差系数均达到优良级标准，混凝土强度保证率都达到90%以上
岭澳核电站	破碎机和铁辊磨砂机	2.5~2.8	≤6	核岛和配套工程的混凝土试件共8060组，强度合格率达99.9%，满足验收标准要求
棉花滩水电站	瑞典斯维达拉公司的：颚式破碎机、圆锥破碎机、石打石立轴式破碎机	2.2~2.8	16	全干法人工砂石料生产系统属国内首创并取得成功；人工砂配制的混凝土总体质量优良，力学性能满足设计要求

虽然机制砂在大型水利、水电工程和公路桥梁工程中已有应用，但主要仍集中于天然细集料严重缺乏地区。从全国更广泛的范围来讲，工程建设仍然以天然砂为主，对机制砂认可度有限，可用天然砂的地区极少进行机制砂的工程应用和研究。机制砂的工程实践中，仍然存在许多问题，阻碍了机制砂混凝土的推广应用，特别是在大型、重点工程中的应用。

(1) 机制砂行业生产技术和管理水平低下，机制砂产品质量良莠不齐，特别是部分存在质量问题的机制砂导致了混凝土性能不良，并把这些问题归于机制砂混凝土，从而导致工程界不敢使用机制砂。

(2) 对石粉在机制砂混凝土中作用的研究不够，国家标准对机制砂中的石粉含量限制过严。虽然新的《建设用砂》（GB/T 14684—2011）标准放宽了石粉含量限值，但为了满足国标规定的石粉含量要求，机制砂中过量的石粉通常采取水洗、风选收尘等方法去除，不仅增加了机制砂的生产难度，还降低了产量、浪费了宝贵的矿产资源和水资源、增加了制砂成本；同时石粉副产品的大量堆积，又引起了新的污染。在使用中，由于去粉过程中去掉的颗粒并非只有石粉，还含有0.15mm、0.3mm、0.6mm甚至更大的颗粒，因而破坏了机制砂的自然级配，导致机制砂混凝土离析泌水严重，客观上加剧了工程界对石粉在机制砂混凝土中作用的误解，严重地制约了机制砂的应用和石粉的利用。

(3) 没有形成专门的机制砂混凝土配制技术，工程技术人员对机制砂混凝土的性能也缺乏充分认识。机制砂混凝土的配制，目前基本沿袭天然砂混凝土配制方法，而忽视了机制砂与机制砂混凝土的特点，从而使工程技术人员难以掌握，对利用机制砂配制高性能混凝土的技术更不成熟。

(4) 机制砂在高强高性能混凝土中的应用技术还不成熟。目前，机制砂在中低强度混凝土中的应用已逐渐被接受，但在重大桥梁工程中应用实例较少，国内在跨海桥梁中尚无大面积应用实例。这缘于国内外对机制砂混凝土的抗氯离子扩散性能、体积稳定性的研究结论与解释很不一致，缺乏统一认识。对氯盐环境下机制砂混凝土耐久性的研究也涉及不多。

4. 机制砂相关规范

为适应机制砂代替天然砂的需要，规范和促进机制砂在混凝土中的应用，各地也陆续出台了一些地方标准和行业标准，如最早的贵州省地方标准《山砂混凝土技术规定》（后来修订为《贵州省山砂混凝土技术规程》DB 22/016—2010），之后有《云南省人工砂技术标准及应用规程》、河南省《人工砂质量标准及应用技术规程》（DBJ41/T 048—2003，修订）、重庆市《混凝土用机制砂质量标准及控制方法》（DB 50/5017—2000）等地方标准。2001年人工砂被列入新的国家标准《建筑用砂》（GB/T 14684—2001）中，无疑对人工砂的应用起到了推动作用。在国标的基础上，不少地方和部门相继制定了较为详细的技术规程，如2002年北京出台了《人工砂应用技术规程》（DB/J T01-65—2002），上海出台了《机制砂在混凝土中应用技术规程》（DG/T J08-506—2002），2004年天津出台了《人工砂应用技术规程》（DB 29-72—2004），重庆出台了《机制砂、混合砂混凝土应用技术规程》（DB 50/5030—2004）。2004 年 9 月湖北沪蓉西高速公路工程建设指挥部也出台了《普通混凝土用机制砂应用技术规程》。

国内与机制砂使用有关的国家及行业规范有《建设用砂》（GB/T 14684—2011）和《人工砂混凝土应用技术规程》（JGJ/T 241—2011）。随着科研工作者对机制砂研究的进步、工程技术人员在工程实践中的应用发展以及工程各界对机制砂应用的广泛认可，以上规范均明确了人工砂的定义，并放宽了石粉含量限值。国内标准情况见表 1-3。

表 1-3 国内标准情况

标准	细度模数			MB 值	石粉含量（%）		
	粗砂	中砂	细砂		≥C60	C55～C30	≤C25
《人工砂混凝土应用技术规程》（JGJ/T 241—2011）	3.7～3.1	3.0～2.3	2.2～1.6	<1.4（合格）	≤5.0	≤7.0	≤10.0
				≥1.4（不合格）	≤2.0	≤3.0	≤5.0
《建设用砂》（GB/T 14684—2011）	粗砂	中砂	细砂	MB 值	Ⅰ	Ⅱ	Ⅲ
	3.7～3.1	3.0～2.3	2.2～1.6	≤1.4（合格）	≤10.0		
				>1.4（不合格）	≤1.0	≤3.0	≤5.0

同时，世界各国的细集料标准中也相继出台针对机制砂的规范和条文内容。石粉是机制砂区别于天然河砂所特有的性能指标，国外部分国家标准与我国国标对石粉的界定及石粉含量要求有所区别，对比各国标准来看（表 1-4），我国标准仍相对较为严格。

表 1-4 国内外机制砂石粉界定及含量对比

国家	美国	日本	澳大利亚	印度	英国	法国	西班牙	中国（国标）
石粉界定（μm）	75	75	75	75	75	63	63	75
石粉含量的最高限值（%）	5～7	7	25	15～20	16	12～18	15	10

1.2.2 轨道交通工程混凝土耐久性研究

轨道交通工程由于其环境特殊性，混凝土所遭受的侵蚀要比普通工程混凝土更复杂也更严酷。

近年来，轨道交通在运营过程中也出现过不少因腐蚀引起的问题：如上海打浦路隧道因渗漏而封闭大修，北京地铁隧道内部水管因腐蚀而穿孔，香港地铁因杂散电流腐蚀引起煤气管穿孔泄漏等,这些都表明轨道交通工程混凝土抗侵蚀耐久性问题是一个十分重要而迫切需要加以解决的问题。

对轨道交通工程地下结构耐久性影响的因素主要集中在地下水介质腐蚀、碳化和杂散电流等方面。

首先,轨道交通工程的主体混凝土结构往往处于地下水丰富、透水性强的地层中,而我国地下水特别是浅层地下水受污染比较严重,富含氯离子、硫酸根离子等侵蚀性介质,因此轨道交通混凝土作为长期处于地下水浸泡的结构,遭受着地下压力水的溶蚀,酸性地下水的侵蚀,地下水中含有硫酸盐、氯离子的侵蚀,等等;同时还有隧道内CO_2的碳化作用。

由于环境的特殊性,轨道交通混凝土还长期遭受着干湿交替、列车运行振动等不利因素影响。与海港工程中的桩、墩、台等并不完全一样,轨道交通混凝土长期处于结构外侧与水接触、结构内侧为空气的条件。因空调使用、列车通过等原因,轨道交通车站混凝土表面的含水量下降;而施工缝和裂缝的水渗漏加上地面排水等种种因素,地下水又不断补充,使轨道交通混凝土结构经常处于干湿交替状态,在很大程度上促进了侵蚀的发展。

其次,轨道交通工程中普遍存在着杂散电流腐蚀现象,会对轨道沿线的埋地金属和混凝土结构内的钢筋产生严重的腐蚀作用,从而对混凝土结构安全构成极大的威胁。杂散电流腐蚀与地下水介质共同腐蚀情况较为常见。

最后,岩基、列车通过会对钢筋混凝土产生静或动的荷载作用,势必会对结构产生一些破坏,加剧了外部侵蚀介质的渗透。

我国开展轨道交通工程建设较早的城市(如北京、上海),对轨道交通混凝土耐久性研究较为深入,积累了大量经验,同时出台了具有地方特点的规范。

对于轨道交通工程地下结构混凝土结构所使用的环境较为恶劣,可能导致工程混凝土结构劣化的主要因素:Cl^-(氯离子)侵蚀引起的钢筋锈蚀、碳化、SO_4^{2-}(硫酸根离子)的侵蚀、碱-集料反应及杂散电流的腐蚀危害等。

1.2.3 轨道交通工程混凝土配制技术

轨道交通工程混凝土大多有防水抗渗和抗裂两个方面的要求,要求其具有"低渗透、高抗裂"的特点。目前,低渗透、高抗裂混凝土的配制研究大多集中于海港码头和跨海桥梁工程中,而由于地下工程使用环境的特殊性(地下水、周围土体、地基沉降等),地上工程的配制技术并不能完全照搬,有待进一步研究和在工程中验证;此外,目前的研究大多注重混凝土自身的抗渗透性能或抗裂性能,而对抗裂性和抗渗性两者兼顾的研究较少。若将两者割裂开来,一旦混凝土中产生大的裂缝或微裂缝连接流通路径，使水和氯离子等方便渗入钢筋表面，将会加速钢筋的腐蚀老化。因此，应在设计混凝土配合比时将两者一并考虑，同时最大限度地兼顾两者的性能。

特别是宁波地区城市轨道交通地下工程地下水位高、地下水压力大，容易渗漏；另外，随着轨道交通工程的发展，预制盾构管片和地下车站现浇混凝土结构所使用混凝土强度等级高、浇筑量大、水泥水化热量高，再加上收缩、地基的沉降等因素影响，容易导致混凝土产生裂缝，严重影响混凝土抗渗能力；混凝土结构在使用过程中也会引起自身的抗渗能力不足或者混凝土裂化削弱了混凝土的抗渗透能力。因此，配制出低渗透、高抗裂的轨道交通地下工程混凝土是保证地下工程混凝土结构安全性和耐久性的前提，是需要解决的关键技术问题，迫切地需要开展研究。

国内外轨道交通工程及其他地下工程针对以上问题开展了混凝土配制技术的研究，一般采用以下技术体系提高混凝土抗渗性能。

（1）尽量减少水泥和水的用量，选择较低的水胶比，以降低混凝土的水化热，提高混凝土的密实度，限制贯通裂缝的出现。

（2）矿物掺合料的选择和应用。混凝土中掺入大掺量矿物掺合料后，能降低水化热，降低混凝土的收缩来提高混凝土的抗裂性能；同时，改善水化产物的微结构，在较低水胶比时能改善混凝土浆体及其与集料间的界面微结构，降低毛细孔孔隙率，从而提高混凝土自身的抗渗性能。目前，常用的手段是单独掺入粉煤灰，或粉煤灰复合掺入少量矿粉。

（3）掺入纤维。刁天祥等人在广州地铁2号线公园前站混凝土结构中掺加了杜拉纤维，并指出：在混凝土中掺入一定量的杜拉纤维，由于其在混凝土内部能构成一种均匀的乱向支撑体系，减少了离析、泌水，使混凝土的密实度在一定程度上得到加强，避免了连通毛细孔的形成，从而提高了混凝土的抗渗性能。董云德等人为解决地铁车站顶板孔洞四角和周边出现开裂渗水的问题，在上海地铁2号线的人民公园站的混凝土中掺加含量为$30\sim60kg/m^3$的钢纤维，取得了较好的抗裂防渗效果。

一般认为混凝土中掺入纤维后，一方面，混凝土内部握裹了大量乱向分布的微细纤维丝形成网状撑托系统，有效地阻止了集料沉降并减少了泌水和沉降裂缝。当混凝土发生塑性收缩时，纤维的微细筋作用承受了混凝土收缩的拉应力，提高了混凝土的抗拉强度，抑制了塑性裂缝的扩展；另一方面，有研究认为混凝土内部均匀分散的短纤维起到了阻断裂缝毛细孔作用的效果，提高了混凝土抗渗性能。

（4）掺入膨胀剂。刘国彬等人在混凝土中加入膨胀剂后，发现可减小地铁工程中混凝土的收缩量和由此产生的拉应力，且取得了较好的工程效果。青岛火车站地下综合广场工程防水设计由结构自防水和附加防水层两部分组成，混凝土等级 C40、C30P8，主体混凝土 68843m³，地下结构外防水面积为 79700m²。为减少收缩裂缝，全部采用补偿收缩混凝土。该工程施工完成后，经 5 年观察，未发现渗漏水现象。

掺加膨胀剂防止混凝土开裂已在我国得到广泛应用并取得一定成效，但其中仍有一些关键问题有待明确，特别是对高强混凝土。测定膨胀混凝土膨胀率的现行标准并不能提供膨胀剂对于实际工程中处于高温水化环境中的高强混凝土的膨胀效果。膨胀剂在较高温度下能否发挥作用，生产厂家至今尚未对这个问题提出可靠的结论。但已有试验表明，多数膨胀剂在 60℃ 以上温度下不仅不能膨胀，而且有可能促进开裂。另外，高强混凝土内部处于缺水状态，外部养护水分又难以渗入混凝土内部，是否有足够水分可供膨胀剂水化，或在掺入膨胀剂之后是否会进一步加剧内外收缩差，这些问题都需要讨论。

（5）掺入抗裂防水剂。抗裂防水剂的原理与膨胀剂原理大同小异，一方面使混凝土产生万分之二以上的微膨胀，在约束条件下形成适量的预压应力，可补偿砂浆和混凝土的干缩和冷缩；另一方面，其水化硬化过程中生成的较多的钙矾石细小晶体，可填充砂浆或混凝土中的毛细孔，大大提高了混凝土的密实性；同时，部分复核的减缩组分也改善了孔的表面性能，使砂浆或混凝土抗渗性能得到大幅提高。

综上所述，掺入掺合料、纤维、膨胀剂和抗裂防水剂均有一定的成功案例；但在实际工程中，有些城市也明文规定禁止使用膨胀剂、抗裂防水剂。

1.2.4 管片混凝土配制技术和施工工艺

混凝土衬砌管片是用于轨道交通工程地下盾构区间的隧道衬砌结构，也是国内大多数城市地下隧道工程衬砌结构常用的，其具有高强、高耐久性和高精度的要求，一般采用标准化预制生产。同时，用于盾构管片的高性能混凝土和一般高性能混凝土相比，在工作性要求上差别较大。管片生产工艺要求使用低坍落度塑性混凝土，坍落度一般为 30~70mm。

根据国内外施工经验，用于盾构管片的高性能混凝土应满足如下要求：

（1）混凝土坍落度小于 70mm，易于浇筑和振捣；

（2）抗压强度等级一般大于 C50；

（3）为满足 12h 模具周转，要求混凝土浇筑后 10h 即达脱模强度，约

20MPa，采用真空吸盘脱模方式应大于15MPa；

（4）具有高抗渗性，抗渗等级大于P10；

（5）低碱-集料反应性。

为了满足以上要求，一般使用性能优良的高性能减水剂和高质量水泥、砂、石、掺合料等原材料，严格控制混凝土碱含量。

大部分标准化管片预制生产企业采取了蒸养的快速硬化工艺，以提高混凝土早期强度，使管片混凝土迅速达到脱模强度，加快模具周转，提高管片生产效率。但是蒸汽养护在提高了混凝土早期硬化速度的前提下，也会对混凝土产生一定的负面影响。Mehta 等人调查了旧金山湾 San Mateo 桥受腐蚀的梁体，该梁体混凝土每 $1m^3$ 水泥用量为370kg，部分梁采用蒸汽养护，部分梁采用自然养护。在经过17年的暴露后，采用蒸汽养护的梁不得不进行修补，而自然养护的梁还没有出现任何腐蚀的迹象。Detwiler 等人的研究表明：在较高温度下养护水泥混凝土，会降低其抗氯离子渗透的能力，这是由于水泥浆中孔结构变粗的缘故；降低水灰比并不能有效地改善蒸养混凝土的耐久性能，而采用矿渣、硅灰等矿物掺合料可有效解决这一问题。Soroka 的研究结果表明，混凝土浇筑成型放置 30～60min 后进行的蒸养对混凝土的抗压强度是不利的。Shideler 和 Cehamberlinl 的研究结果表明，混凝土浇筑成型放置 2～6h 后进行的蒸养，依靠高温，生产的15%～40%的混凝土产品在24h时的强度比混凝土构件成型后立即进行蒸养的产品的强度要高。Hanson 通过试验证明当蒸养前的前置时间从 1h 增加到 3h 时，所有龄期混凝土构件的抗压强度都有增加。然而，在蒸养前只有 1h 前置时间时，被蒸养过的所有试件上都出现了水平裂缝。

国内研究也表明当采用不当的蒸汽养护制度时，由于水泥用量高，水化热大，蒸汽养护混凝土中会产生很大的热膨胀和干燥收缩，严重影响混凝土构件质量。普通水泥混凝土在蒸汽养护条件下硬化，生成较多的氢氧化钙结晶，因而导致后期耐久强度发展不良，从而导致混凝土性能劣化。

此外，管片混凝土精度和外观质量在很大程度上取决于施工工艺水平。包括坍落度控制、振捣、养护制度和收光抹面等施工工艺过程对管片外观质量影响各不相同。管片外观主要存在的质量问题包括裂缝、表面气泡、色差、边角和外弧面侧壁漏浆、缺边掉角、黏模而形成麻面。

国内外研究表明，裂缝的形成与原材料品质较差、配合比设计不合理、养护不足、管片混凝土浮浆收缩较大有关，也与受钢筋箍筋约束、堆放不当等有关；而气泡的形成主要与外加剂应用、坍落度过小、模具设计不当、振捣工艺、脱模剂选择等有关系；色差是由于原材料颜色较差、表面混凝土水化产物析出不均、喷淋不均、管模表面污染、脱模剂污染等造成；脱模强度不足，起吊、搬运过程中磕碰等造成管片内外弧面、凹槽边、手孔、标识等处崩角掉边；管模尺寸变形或模具接缝不严密从而使边角、外壁出现漏浆，造成表面起砂；管片脱模剂效果较差，从而使得管片内弧面与管模黏结，形成麻面。

轨道交通工程中影响管片混凝土耐久性的因素主要如下：

氯盐侵蚀：地下水 Cl^- 含量大多为 500~2000mg/L，部分站点大于 5000mg/L，而地下铁路长期遭受氯盐侵蚀，这就要求在进行管片混凝土配合比设计时，考虑其耐盐侵蚀性能。

碳化：隧道中 CO_2 含量随车流和客流量增大而增大，要求在进行管片混凝土配合比设计时，考虑其碳化性能。

碱-集料：当地集料大多含有碱活性，要求在进行管片混凝土配合比设计时，考虑其碱-集料反应。

杂散电流：走行轨回流的供电方式，存在杂散电流腐蚀的危害，要求在进行管片混凝土配合比设计时，考虑杂散电流腐蚀的危害。

地下水位高水压大：这一特点要求在进行管片混凝土配合比设计时，考虑混凝土抗渗性能。

因此，轨道交通工程混凝土耐久性研究主要研究蒸养条件下管片混凝土力学性能及耐久性能以及施工过程中气泡、黏模和水养制度，通过配合比和施工控制两方面来解决管片混凝土的耐久性问题。

1.2.5 轨道交通工程混凝土抗裂技术

由于地下水的存在，若轨道交通车站混凝土结构产生裂缝，就会造成主体结构板间渗水，所以混凝土开裂是造成地铁车站渗漏的主要原因之一。地下现浇大体积混凝土结构的侧墙和顶板出现裂缝的概率较大，侧墙浇筑时受到底板的约束较大且结构超长，而顶板一般较厚，浇筑时又受到侧墙的约束，浇筑大体积混凝土时很容易出现裂缝。天津地铁工程调查表明，在既有线隧道及车站结构的侧壁和顶板上，有一定数量的裂缝出现，在这些裂缝中，有些是恶性贯通裂缝，长度 2~3m 甚至更长，宽度在 0.4~5mm，并伴有地下水的渗漏现象；北京地铁和上海地铁也发现了底板和侧墙的开裂现象。由此可见，地下工程的底板和侧墙的开裂比较普遍，在地下工程中是一个尚未解决的难题。

轨道交通车站混凝土开裂是十分复杂的系统性问题，目前的研究主要集中在以下四个方面：材料选择、环境条件、结构设计和施工技术。

（1）材料选择。混凝土原材料质量不良或配合比设计不当，可引起轨道交通工程混凝土的开裂与渗漏。从混凝土原材料来看，水泥安定性不合格，砂石中含泥量或石粉含量过大，使用反应性集料或风化岩，使用水化热过高的水泥等都可能引起混凝土开裂。混凝土本身不均匀也会导致其产生变形，砂浆过多会使其产生较大收缩，在水化硬化过程中产生局部的约束效应，当该应力大于混凝土的抗拉强度时，便会导致宏观裂缝的出现与扩展。

（2）环境条件包含温度、湿度及地基的不均匀沉降。轨道交通车站混凝土结构属于大体积混凝土，温差或干缩引起的收缩变形较大，这种变形由于约束而得不到恢复时，将会产生拉应力，拉应力一旦超过混凝土的抗拉强度，就会造成混凝土开裂。在外界的温度场、湿度场的差异与混凝土自身产生的热量场的共同作用下，轨道交通工程混凝土将受到第二类荷载的作用，使变形受到约束时即产生较大的拉应力。轨道交通工程结构属于超静定结构，在其基础为软土地基时，会因基础的不均匀沉降而使结构受到强迫变形，导致结构开裂。

（3）结构设计。轨道交通工程结构设计一般包括结构选型、荷载计算、基坑围护结构设计、内衬设计、结构楼板和梁的设计、抗浮设计等。设计时如果选型不当或估算荷载与真实情况有较大的偏差，都会造成在选用混凝土等级和配筋设计方面出现失误，造成轨道交通工程混凝土抗裂性能不足而出现开裂。

（4）施工环节。从我国目前研究实践的现状来看，在施工技术方面影响混凝土开裂的环节主要有混凝土的拌制、振捣、运输、浇筑和养护等。

目前，国内外针对超长地下混凝土结构的综合抗裂措施主要集中在结构设计、提高混凝土材料抗裂性能和现场施工措施等方面。

上海地铁1号线在1992年以后施工的6个车站均设置了"诱导缝"，在防止顶板开裂中收到了明显效果。上海地铁2号线中央公园站，长277m，宽19.6m，在结构设计中，采取纵向分段设立诱导缝并集中处理诱导缝防水的构造措施，最大限度地减小了分段处的结构刚度和纵向约束，使结构在纵向受力时在诱导缝处首先发生变形，避免了段间结构产生横向裂缝。北京西客站预埋地铁工程全长513m，地下二层为站台层，宽38.2m，长214.4m，采用补偿收缩微膨胀混凝土结构自防水和SBS卷材的刚性柔和两通道防水方案。由于结构超长，车站纵向设两个变形缝，分段长度84.6m、71.6m、60m。在每结构段的中央、底板、边墙和顶板留一膨胀加强带，带两侧浇微膨胀混凝土，带内浇筑膨胀混凝土。广州地铁2号线公园前站为地下三层五跨钢筋混凝土结构，埋深为地下23m，所处位置地下水丰富。为了确保车站主体结构良好的防水性和稳定性，减少结构混凝土因大面积收缩和脆性而产生的开裂，在轨道交通车站负二、三层边墙防水混凝土中加入一定量的聚丙烯纤维，作为结构混凝土自防水体系中的又一道止水屏障。

1.3 主要研究内容

轨道交通工程混凝土耐久性研究应针对轨道交通工程结构特点、所处的使用环境及当地原材料特性，开展以耐久性为主要性能指标的高性能混凝土配制及施工技术研究、耐久性评价体系和寿命预测方法研究，为优化设计和施工指导提供理论基础，为提高混凝土施工质量提供技术保障。

（1）机制砂混凝土的配置技术。针对不同岩性、生产方式生产的机制砂，对生产工艺先进、质量稳定的机制砂产品进行主要技术指标检测，并与优质河砂对比。参照国家相关规范标准，优选适合轨道交通工程施工要求的机制砂砂源。利用机制砂和天然砂的不同混合比例来调整细集料级配和性能。使用机制砂或人工混合砂配制混凝土，对比研究全机制砂、人工混合砂、天然砂配制轨道交通工程混凝土的性能影响。

（2）复杂环境下混凝土结构耐久性设计。综合分析轨道交通工程混凝土耐久性影响因素，针对不同腐蚀环境（杂散电流、氯离子侵蚀、碳化环境、其他腐蚀环境）提出耐久性方案。包括确定不同结构环境作用等级；依据设计资料、工程经验提出构造设计要求和裂缝控制标准；提出混凝土材料的技术指标要求；针对腐蚀环境特别严重的混凝土结构，提出相应的防腐蚀强化措施。

（3）轨道交通工程混凝土配制技术研究。提出原材料的优选原则；研究轨道交通工程各部位混凝土（包括各结构商品混凝土和管片混凝土）的配制技术，提出混凝土的配制原则、技术路线以及关键参数的选取原则，针对管片混凝土，特别研究蒸养制度对其性能的影响，依据试验结果对各结构商品混凝土和管片混凝土提出推荐配合比。

（4）现场质量控制。提出加强原材料管理、对主要原材料进行招标，优选商品混凝土公司，设立第三方试验检测中心，加强混凝土配合比报批管理和开展混凝土性能专题研究等一系列质量管理控制措施；针对轨道交通车站结构为超长复杂结构的特点，开展温度应力对车站结构（底板、侧墙和顶板）抗裂性能的影响研究。采用有限元计算软件计算温度场和应力场，制定不出现有害温度裂缝的温控标准，并提出相应的控裂措施。同时，针对施工过程中的首个构件进行施工期混凝土内部温度场的发展规律检测，总结出不同结构的防裂要点；针对轨道交通工程混凝土高耐久性的要求，采用混凝土超前反馈质量控制和质量预测系统进行现场拌制混凝土的质量控制。在混凝土浇筑前进行检测分析，根据结果对混凝土质量控制水平进行分析，提出混凝土质量改进措施。

（5）编制《宁波地区轨道交通工程机制砂及机制砂混凝土技术指南》。在现行国家和行业标准的基础上，针对宁波地区城市轨道交通工程混凝土结构特点及所处环境类别，采用整体论的方法，综合考虑工程环境条件、设计、混凝土生产、施工以及管理等各方面因素，制定《宁波地区轨道交通工程机制砂及机制砂混凝土技术指南》。

（6）编制《城市轨道交通工程混凝土施工技术规程》。在现行国家和行业标准的基础上，参考国内外相关行业技术规范、工程实例的实践经验，针对轨道交通工程混凝土的使用环境、结构特点、施工方法，编制《城市轨道交通工程混凝土施工技术规程》。

2 轨道交通工程混凝土结构耐久性设计及性能研究

2.1 概述

钢筋混凝土的耐久性研究以往大多集中在大气和海洋环境,对于地下结构的研究较少。轨道交通工程结构多为由车站结构、区间隧道结构组成的典型地下混凝土结构,与大气环境下的工业与民用建筑相比,轨道交通工程结构所处环境更为复杂,结构内部与大气环境接触,结构外部与岩土介质环境紧密相连,岩土介质的不匀质性、非线性、流变性等特点使结构应力状况复杂多变,并且地下水中通常含有不同程度的侵蚀性介质,对轨道交通工程混凝土耐久性是一个严峻的考验。

工程勘测资料表明,与工程有关的地下水主要分为孔隙潜水和承压水两部分,孔隙潜水水位埋深0.3~2.0m,为浅部地下水,微承压水或承压水水头的埋深分别为地下3.0~8.0m和地下3.0~10.0m,并呈幅度不等的周期性变化。因此,轨道交通车站和盾构隧道外表面承受的地下水水压较大,从而使地下水和水中的有害离子的渗透速度增大。

2.1.1 工程实例

1. 上海轨道交通工程

上海轨道交通1、2号线的地铁车站和盾构隧道工程提出了结构设计使用年限100年的要求,导致该工程混凝土结构劣化的主要因素有抗渗性能下降、裂纹劣化、干湿交替、碳化和地铁杂散电流引起的钢筋锈蚀、沿海或者长江口沿线Cl^-(氯离子)和SO_4^{2-}(硫酸根离子)的侵蚀五个方面。其地铁车站和盾构隧道混凝土结构按照环境类别及作用具体划分见表2-1。

表 2-1 上海地铁车站和盾构隧道混凝土结构环境类别和作用等级

结构部位			环境类别	环境条件	环境作用等级
地下车站结构	地下连续墙	迎土/水面	一般环境	非干湿交替、无冻融、长期浸水、地下水无化学侵蚀	I-B
		背土/水面		干湿交替环境	I-C
	顶板、底板	迎土/水面		非干湿交替、无冻融、长期浸水、地下水无化学侵蚀	I-B
		背土/水面		非干湿交替环境	I-B
	内衬侧墙	外侧		干湿交替环境	I-B
		内侧		非干湿交替环境	
	室内梁、板、柱			非干湿交替环境	I-B
盾构隧道	盾构管片	外弧面		非干湿交替、无冻融、长期浸水、地下水无化学侵蚀	I-B
		内弧面		干湿交替环境	I-C

针对上述腐蚀环境，上海地铁工程提出的混凝土结构耐久性设计参数见表 2-2。

表 2-2 上海地铁混凝土结构耐久性设计参数

结构部位			设计保护层厚度（mm）	最低混凝土强度等级	最大水胶比	最小胶材用量（kg/m³）
地下车站结构	地下连续墙	迎土/水面	55	C30	0.45	360
		背土/水面	35		0.45	360
	顶板、底板	迎土/水面	40	C30	0.45	360
		背土/水面	35		0.45	360
	内衬侧墙	外侧	30	C30	0.45	360
		内侧	30		0.45	360
	室内梁、板、柱		30	C35	0.43	380
盾构隧道	盾构管片	外弧面	40	C50	0.35	450
		内弧面	40			

针对长江口沿线或沿海区域地铁线路受 Cl^- 侵蚀的影响，采取涂覆防护涂层，增强其抗渗透性能；地铁车站侧墙、顶板等易出现混凝土开裂现象的部位，采取涂覆防护涂层、减少或修复裂缝等措施。

2. 南京地铁工程

南京地铁 1 号线一期工程，设计使用寿命 100 年，主体结构和混凝土结构耐久性影响主要因素为地下工程混凝土结构受地下水/土中 Cl^-（氯离子）和 SO_4^{2-}（硫酸根离子）侵蚀的问题。

该工程采用的主要施工方法有盾构法（区间隧道）、矿山法（区间隧道）、明挖顺作法（地下车站、区间隧道）、盖挖逆作法（地下车站）。除盾构区间采用预制混凝土管片外，其他结构主要采用模筑混凝土，矿山法区间的初期支护采用喷射混凝土。地下车站与区间混凝土强度等级主要为C30，抗渗等级为P8；高架车站结构及高架桥墩混凝土强度等级为C30，一期工程混凝土总方量约70000m³，其C30混凝土水胶比为0.38，采用单掺粉煤灰或粉煤灰和矿渣双掺复合抗裂防水剂的技术路线，具体配合比见表2-3。

表2-3 南京地铁用C30泵送混凝土配合比

编号	混凝土原材料用量（kg/m³）						
	水泥	粉煤灰	矿渣	砂	石	水	抗裂防水剂
D1	116	116	154	706	1060	159	33
D2	272	95	—	741	1112	160	30

南京地铁工程使用寿命预测采用如下思路：对于碳化、硫酸盐腐蚀、氯离子腐蚀和杂散电流腐蚀等单因素作用环境，借鉴经验评估模型，采用经验参数或快速试验方法得到的评估参数分别进行使用寿命预测，然后采用模糊多因素决策的方法进行多因素作用下的综合耐久性评估。

3. 青岛地铁工程

青岛地铁3号线是青岛市首条地铁线路，设计使用年限为100年。青岛地铁建设环境三面环海，属于近海环境，主体工程主要位于地下。针对腐蚀环境，青岛地铁工程提出的混凝土的主要控制指标见表2-4。

表2-4 青岛地铁混凝土结构耐久性设计参数

结构部位		环境作用等级	最低混凝土强度等级	最大水胶比	最小保护层厚度（mm）
内陆区域段	矿山法：二次衬砌混凝土 明挖法：墙、板混凝土	Ⅰ-C	C45	0.40	行车侧45 围岩侧50
		Ⅳ-C			
		Ⅴ-C			
	盖挖法：地下连续墙	Ⅰ-C	C45	0.40	行车侧55 围岩侧70
		Ⅳ-C			
		Ⅴ-C			

续表

结构部位		环境作用等级	最低混凝土强度等级	最大水胶比	最小保护层厚度（mm）
近海区域段	矿山法：二次衬砌混凝土 明挖法：墙、板混凝土	Ⅳ-D	C50	0.36	行车侧50 围岩侧50
		Ⅴ-D			
	盖挖法：地下连续墙	Ⅳ-D	C50	0.36	行车侧60 围岩侧75
		Ⅴ-D			

对青岛地铁高氯盐浓度环境，针对不同的区域，除设计合理的保护层厚度，还通过试验研究，提出了混凝土的抗渗性指标，内陆区域段二次衬砌混凝土氯离子扩散系数采用 $D_{RCM,28}=7\times10^{-12}m^2/s$，近海区域段采用 $D_{RCM,28}=4\times10^{-12}m^2/s$。

4. 广州地铁工程

广州地铁工程处于地下水的渗漏溶蚀，地下水中氯离子、硫酸盐的侵蚀，荷载和腐蚀介质、杂散电流与腐蚀介质侵蚀等多因素下的侵蚀环境。广州地铁工程提出以整体论方法来研究地铁混凝土结构的耐久性，从混凝土结构设计到混凝土材料设计、混凝土材料制备全过程，并充分考虑环境作用下混凝土结构的耐久性，同时在研究过程中考虑了结构主体与薄弱环节的差异、工程混凝土结构与实验室混凝土试体的差异。

广州地铁工程通过优选混凝土用原材料，采用高性能混凝土保证在多腐蚀因素环境下服役的混凝土结构的寿命。同时，精细化施工以及施工过程中的质量控制也是决定广州地铁混凝土结构耐久性的重要因素。

混凝土质量过大的波动是影响广州地铁工程耐久性寿命的一个重要问题。据资料显示各搅拌站供应广州地铁工程的C30 P8混凝土各项性能均有较大差异：存在部分电通量大于1000C、抗蚀系数<1.0、抗硫酸盐等级为"低"、碳化深度大于20mm的混凝土，不利于混凝土的耐久性。

由于施工过程中的管理不足以及工程设计对混凝土结构设计要求不够完善，已建广州地铁混凝土结构在混凝土管片的预留孔、拼装缝，现浇混凝土衬砌施工缝、结构缝，道床与二次衬砌混凝土的施工缝层面，以及由于各种原因导致的混凝土裂缝处，存在较多的渗漏现象；结构实体雷达扫描检测发现钢筋保护层厚度控制不严，衬砌浇筑不够密实等现象，这些都是混凝土结构耐久性的最薄弱环节，成为影响地铁工程耐久性寿命的关键问题。

2.1.2 轨道交通工程耐久性影响因素

轨道交通工程混凝土结构可能遭受氯盐、酸雨、碳化和碱-集料反应，其破坏形式及机理如下：

1. 氯盐的破坏形式及机理

地下车站及管片主要处于氯盐环境中。氯离子（Cl^-）并不会腐蚀水泥混凝土材料本身，但会加速混凝土中钢筋的锈蚀。氯离子引发钢筋锈蚀的机理有以下几种：

（1）破坏钝化膜。氯离子半径很小，具有极强的穿透能力，是很强的去钝化剂，当氯离子吸附于局部钝化膜处时，会使该处的 pH 值迅速降低。

（2）形成"腐蚀电池"。氯离子引起钢筋锈蚀往往是局部腐蚀，俗称点蚀或坑蚀，这是因为 Cl^- 对钢筋表面钝化膜的破坏首先发生在 Cl^- 浓度较高或钝化膜不密实的局部点，使这些局部点露出了铁基体，与尚完好的钝化膜区域之间构成腐蚀电池，在混凝土孔溶液电解质和氧气存在的条件下，铁基体作为阳极受到腐蚀，而大面积钝化膜区域作为阴极，由于大阴极（钝化膜区）对应于小阳极（钝化膜的破坏点），在腐蚀电池作用下使钢筋表面迅速产生坑蚀，腐蚀也就由局部开始逐渐在钢筋表面扩展。

（3）去极化作用。氯离子不仅促成了钢筋表面的腐蚀电池形式，而且会加速电池的作用过程，这是因为阳极反应产生的 Fe^{2+} 与 Cl^- 能快速结合生成溶解性较强的 $FeCl_2$。该物质在混凝土内扩散时遇到 OH^- 立即生成多孔疏松的 $Fe(OH)_2$ 沉淀，同时释放出 Cl^-，而 $Fe(OH)_2$ 则进一步氧化生成 $Fe(OH)_3$ 或 Fe_2O_3，从而引起钢筋的膨胀性腐蚀。氯离子引起钢筋锈蚀危害性很大，不仅在于它造成钢筋局部坑蚀截面减少容易引起应力集中，还在于氯离子参与电化学反应具有循环性和连续性特征。在整个腐蚀过程中，Cl^- 只是参与了反应过程，但并没有被"消耗"，它会周而复始地起破坏作用，这是氯盐危害的特点之一。有关氯离子参与的钢筋腐蚀电化学反应式如下：

$$Fe^{2+} + 2Cl^- + 4H_2O \longrightarrow FeCl_2 \cdot 4H_2O$$

$$FeCl_2 \cdot 4H_2O \longrightarrow Fe(OH)_2 + 2Cl^- + 2H^+ + 2H_2O$$

（4）导电作用。腐蚀电池的要素之一是要有离子通路，当混凝土中有氯离子存在时，氯离子增强了孔溶液电解质的导电性，强化了离子通路，降低了阴、阳极之间的电阻，提高了腐蚀电池的效率，从而加速了电化学腐蚀过程。

2. 酸雨的破坏形式及机理

随着工业化的进程，大气污染日趋严重，酸雨的危害也越来越大。中国已成为世界三大酸雨区之一。有资料显示，我国国土面积的 30% 属于酸雨区，61.8% 的南方城市出现酸雨，其中宜宾、怀化、绍兴、遵义、宁波、温州等城市的酸雨频率超过了 90%。中国环境科学研究院、清华大学的研究结果表明：

由于酸雨的破坏，我国每年要损失1100亿元人民币。

酸雨一般是指pH值<5.6的大气降水，是一种大气污染现象。酸雨的形成是一个复杂的大气化学和大气物理过程，主要是由煤炭、石油等化石燃料燃烧过程中排放的酸性气体SO_2、NO_x等在大气中转化为硫酸和硝酸所致。酸雨是当前我国主要的环境问题之一，对环境危害极大。

一般情况下，大气降水中的阴离子主要为SO_4^{2-}、NO_3^-、Cl^-、HCO_3^-，阳离子主要为NH_4^+、Ca^{2+}、Na^+、K^+、Mg^{2+}、H^+。图2-1是我国降水中各离子所占的百分比。由Ca^{2+}和阴离子构成的$CaSO_4$和$Ca(NO_3)_2$为盐类，pH值大约为7，只有NH_4^+以及部分游离的H^+与SO_4^{2-}和NO_3^-形成的物质才是降水酸度的主导因素。

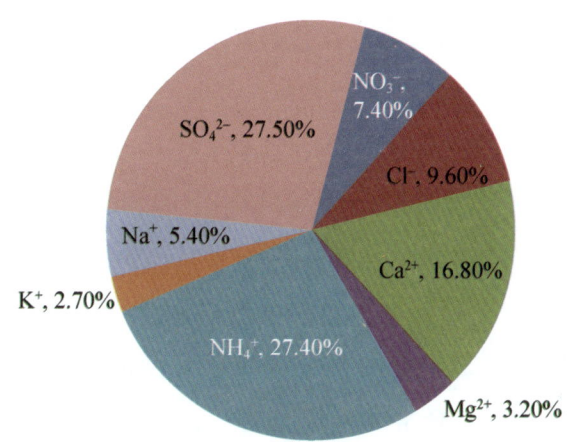

图2-1 降水主要离子构成百分比

酸雨对土木建筑工程等基础设施的破坏在于直接与材料发生化学的或者电化学的反应，造成诸如金属的锈蚀、矿物岩石表面的粉化侵蚀、水泥混凝土的剥蚀疏松以及塑料、涂料侵蚀等。

酸雨的特点是酸性较大，且相当于流动的水流，其对混凝土结构的腐蚀主要有以下三种形式。

（1）溶出性侵蚀。密实性较差、渗透性较大的混凝土，在雨水的不断冲刷下，水化产物$Ca(OH)_2$会不断溶出并流失。由于$Ca(OH)_2$是维持水化硅酸钙与水化铝酸钙稳定的重要物质，它的溶出使水化硅酸钙和水化铝酸钙失去稳定性而水解、溶出，导致了混凝土强度不断下降。

（2）酸性介质的溶解性侵蚀。酸性介质的溶解性侵蚀分为弱酸侵蚀和强酸侵蚀。弱酸侵蚀是大气中的二氧化碳通过混凝土的毛细孔进入混凝土的内部，降低混凝土的碱性，也就是常说的碳化。酸雨中的二氧化硫、氯气等气体溶于水形成硫酸、盐酸等强酸。强酸不仅与混凝土中的氢氧化钙反应，破坏钝化膜，还与水化硅酸钙反应，生成可溶性的钙盐。随雨水的冲刷，可溶性钙盐不断溶出，加速了混凝土的腐蚀。

$$Ca(OH)_2 + 2H^+ \longrightarrow Ca^{2+} + 2H_2O$$

$$nCaO \cdot mSiO_2 + 2nH^+ \longrightarrow nCa^{2+} + mSiO_2 + nH_2O$$

$$nCaO \cdot mAl_2O_3 + 2nH^+ \longrightarrow nCa^{2+} + mAl_2O_3 + nH_2O$$

（3）硫酸盐的膨胀性侵蚀。硫酸盐与混凝土中的含铝相、含钙成分及早期生成的单硫型水化硫铝酸钙反应，生成体积膨胀的钙矾石，硫酸盐还与混凝土中的其他组分生成石膏和钙硅石，石膏和钙硅石的体积膨胀也可引起混凝土的胀裂。仅以 SO_2 为例，当 SO_2 气体侵入水泥石后，经过一系列的化学反应，会形成钙矾石（E 盐破坏），甚至石膏（G 盐破坏）。反应式为：

$$4CaO \cdot Al_2O_3 \cdot 12H_2O + 3SO_4^{2-} + 2Ca(OH)_2 + 20H_2O \longrightarrow$$
$$3CaO \cdot Al_2O_3 \cdot 3CaSO_4 \cdot 31H_2O + 6OH^- \quad (E 盐生成)$$

$$Ca(OH)_2 + SO_4^{2-} + 2H_2O \longrightarrow CaSO_4 \cdot 2H_2O + 2OH^- \quad (G 盐生成)$$

钙矾石生成后，比反应物的体积要大 1.5 倍以上。如有石膏生成，则其体积会增大 1.24 倍。E 盐或 G 盐的生成都可引起很大的内应力，其破坏特征是在表面出现几条较粗大的裂缝。但由于石膏的溶解度很高，而大气中的 SO_2 浓度通常不是很大，所以一般只在干湿交替、水分蒸发量大的环境下才可形成 G 盐破坏。

3. 碳化的破坏形式及机理

混凝土的碳化，是指水泥石中的水化产物与周围环境中的二氧化碳作用，生成碳酸钙或其他物质的现象。

普通硅酸盐水泥混凝土中水泥熟料的主要矿物成分有硅酸三钙（C_3S）、硅酸二钙（C_2S）、铁铝酸四钙（C_4AF）和铝酸三钙（C_3A），水化反应后生成氢氧化钙（CH，约占 25%）、水化硅酸钙（CSH，占 60%）、水化铝酸钙、水化硫铝酸钙等。可碳化物质按如下反应进行碳化。

$$CO_2 + H_2O \Longleftrightarrow H_2CO_3$$

$$Ca(OH)_2 + H_2CO_3 \Longleftrightarrow CaCO_3 + 2H_2O$$

$$3CaO \cdot 2SiO_2 \cdot 3H_2O + 3H_2CO_3 \Longleftrightarrow 3CaCO_3 + 2SiO_2 + 6H_2O$$

$$2CaO \cdot SiO_2 \cdot 4H_2O + 2H_2CO_3 \Longleftrightarrow 2CaCO_3 + SiO_2 + 6H_2O$$

混凝土孔溶液中绝大多数组分是 Na^+、K^+ 和与其保持电平衡的 OH^-，Ca^{2+}

的含量很少，大部分 $Ca(OH)_2$ 以晶体和饱和水溶液的状态存在。孔溶液的 pH 值越大，$CaCO_3$ 的溶解度就越小，所以碳化后的 $CaCO_3$ 大部分以固相状态存在。当 CO_2 扩散到混凝土孔溶液并溶解生成碳酸后离解生成 CO_3^{2-}（pH 值较低时离解为 HCO_3^-），分别与 Na^+、K^+、Ca^{2+} 反应生成 Na_2CO_3、K_2CO_3 和 $CaCO_3$。Na_2CO_3 和 K_2CO_3 都是极易溶解的，所以孔溶液中 Na^+ 和 K^+ 的浓度基本不会发生改变，而 $CaCO_3$ 的溶解度极低，都沉积在孔壁表面，导致孔溶液中 Ca^{2+} 浓度降低。因此，$Ca(OH)_2$ 晶体继续溶解以补充孔溶液中失去的 Ca^{2+}，生成的 $CaCO_3$ 晶体不断增多，而 $Ca(OH)_2$ 不断减少，这种循环反应一直进行到 $Ca(OH)_2$ 晶体完全溶解和消耗完为止，此时 pH 值降低，造成混凝土中性化。由于生成的 $CaCO_3$ 几乎是不溶的，对混凝土孔隙有填充作用，因此可使混凝土更加密实，降低混凝土的渗透性。但同时也存在这样一个反应：$CaCO_3 + CO_2 + H_2O \rightleftharpoons Ca(HCO_3)_2$ 这是个可逆反应，反应向右的产物 $Ca(HCO_3)_2$ 是可溶的，当孔隙溶液中存在游离的 CO_2，是有利于 $CaCO_3$ 溶解的，因为可逆反应中存在一个平衡的 CO_2 浓度，当存在多余的 CO_2 时，会导致反应向右进行，$CaCO_3$ 向 $Ca(HCO_3)_2$ 的转变同时能增加 $Ca(OH)_2$ 的溶解。随着 $Ca(HCO_3)_2$ 溶液的移去，就会导致孔隙率和渗透性的增加。

在混凝土完全碳化前孔溶液的各种离子浓度几乎没什么变化，混凝土 pH 值主要取决于与 Na^+、K^+ 保持电平衡的 OH^- 浓度。由于在一定温度下 $Ca(OH)_2$ 的溶解度为常数，pH 值越高，$CaCO_3$ 溶解度越小，孔溶液中 Ca^{2+} 浓度减小，$Ca(OH)_2$ 晶体的溶解速度加快，从而加速了混凝土碳化。

4. 碱-集料反应破坏形式及机理。碱-集料反应是水泥（混凝土）中达到一定数量的可溶性碱性氧化物（如 Na_2O、K_2O）与混凝土中某些含有活性矿物的集料在有水分的条件下发生化学反应，生成的凝胶体体积膨胀，引起已硬化的混凝土开裂破坏。

促使碱-集料反应发生必须具备三个条件：在混凝土中同时存在活性矿物集料、碱性溶液（KOH、NaOH）和水。混凝土中 Na_2O、K_2O 属于强碱，是水泥生产和水化过程中的产物。混凝土的总碱含量等于水泥碱含量、外加剂碱含量、掺合料碱含量以及拌合水碱含量之和。另外，碱溶性集料分为两种，一种是硅酸盐类，指非结晶硅和结晶不完整的硅，具有碱活性的硅酸盐类岩石矿物有蛋白石、玉髓、火山玻璃体；另一种是碳酸盐类，指结晶小的石灰石、白云石等，具有碱活性的碳酸盐类岩石矿物是细小菱形白云石晶体。

按照集料的类型，碱-集料反应分为碱-硅酸反应和碱-碳酸反应。碱-硅酸反应是混凝土中的碱与集料中的活性氧化硅成分反应产生碱硅酸凝胶（或称碱硅凝胶），其体积大于反应前的体积，且具有很强的吸水性，吸水后进一步膨胀，引起混凝土内部膨胀应力，而且碱硅凝胶吸水后进一步促进碱-集料反应的发展，使混凝土内部膨胀应力增大，导致混凝土开裂，严重的可导致混凝土结构崩溃。其反应机理如下：混凝土中的活性集料与混凝土中的碱发生反应：$2NaOH + SiO_2 \longrightarrow Na_2O \cdot SiO_2 \cdot H_2O$，当 KOH 和 NaOH 浓度较低时，不足以引起混凝土的破坏，一般认为当含碱量小于 0.6% 时，可不考虑碱-集料反应。碱-硅酸盐反应的机理与碱-硅酸反应的机理是一致的，只是反应速度比较缓慢。能与碱发生反应的可溶性氧化硅矿物有蛋白石、玉髓、鳞石英、方英石、火山玻璃及结晶有缺陷的石英以及微晶、隐晶石英等，而这些活性矿物广泛存在于多种岩石中。因此，迄今为止世界各国发生的碱-集料反应绝大多数为碱-硅酸反应。

碱-碳酸盐反应引起的混凝土破坏，目前归结为白云石质石灰集料脱白云石引起的体积膨胀。白云石质石灰集料在碱性溶液中发生的脱白云石反应：$CaMg(CO_3)_2 + 2NaOH \longrightarrow Mg(OH)_2 + CaCO_3 + Na_2CO_3$，式中，$Na^+$ 也可转换为 K^+，这一反应不是发生在集料颗粒与水泥浆的表面，而是发生在集料颗粒的内部。这样叠加水镁石晶体排列的压力和黏土吸水膨胀作用，引起混凝土内部应力，导致混凝土开裂。

2.1.3　主要研究内容与技术路线

1. 主要研究内容

开展轨道交通工程混凝土结构的耐久性设计研究时，主要内容应包括：

（1）针对轨道交通工程混凝土结构及其服役环境的特点，分析该工程混凝土结构所处环境类别及其作用等级，提出混凝土结构的耐久性设计方案及施工技术要求和耐久性检测与维护要求；

（2）针对该工程的腐蚀环境类别，调研国内外混凝土结构寿命预测的模型研究现状，提出该工程的寿命预测模型，评估该工程主体结构重要部位混凝土结构的使用寿命，对耐久性设计进行辅助性校核；

（3）试验研究酸雨环境下混凝土性能劣化规律，优选抗酸蚀性能好的混凝土配合比，并研究不同种类的涂层、硅烷以及涂刷工艺在酸雨中的防护效果，提出合理的防酸雨腐蚀强化措施。

2. 技术路线

轨道交通工程混凝土结构的耐久性设计宜采用"整体论"方法，综合考虑设计、施工、使用、管理、维修等要求和措施，遵循"以防为主"方针，重点在于预先设防并兼顾经济性，确定以高抗渗混凝土作为轨道交通工程的基本耐久性措施，并研究确定不同腐蚀环境等级下（氯盐腐蚀、硫酸盐腐蚀、酸雨腐蚀、碳化环境）高抗渗混凝土的耐久性技术指标（主要包括抗渗性、抗化学侵蚀、抗裂性、抗碳化等），对处于腐蚀环境相对恶劣的混凝土结构，为达到100年的使用寿命要求，利用混凝土结构耐久性极限状态设计理论，在全寿命分析的基础上综合考虑其他防腐蚀强化措施（防水材料、渗透型防水涂层等），可采取以下技术路线图，见图2-2。

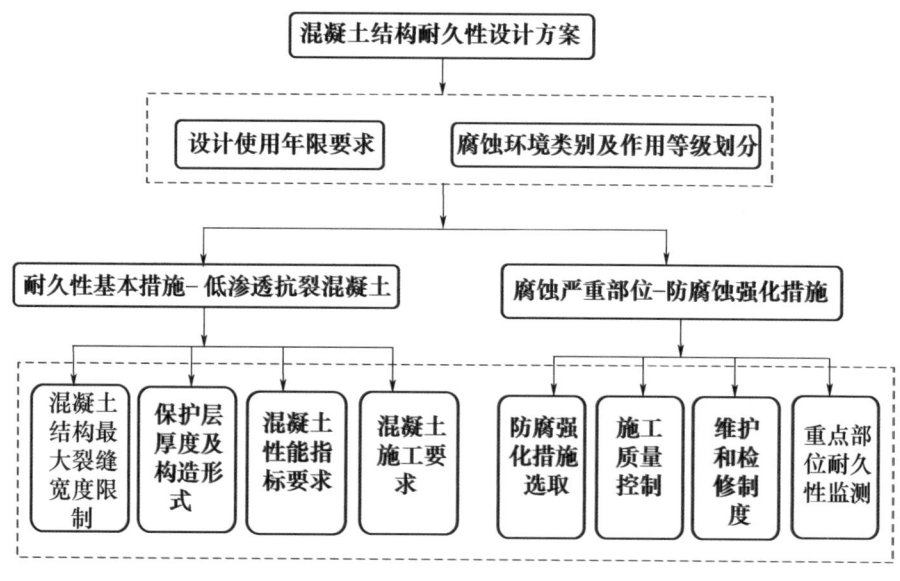

图2-2 混凝土结构耐久性设计研究技术路线

2.2 耐久性设计原则及依据

2.2.1 总体原则

混凝土结构的耐久性是指在预定作用和预期使用与维护条件下，混凝土结构及构件在设计使用年限内保持其适用性和安全性的能力。为提高混凝土结构的耐久性，通常采取防腐蚀基本措施和防腐蚀强化措施，其中基本措施包括改善混凝土密实性、增加保护层厚度和利用防排水措施等，防腐蚀强化措施包括钢筋表面涂环氧涂层、混凝土表面涂层、钢筋阻锈剂和阴极保护等。基本措施中混凝土的防腐性能作为一个重要的指标，成为防腐蚀的第一道防线，在耐久性方面发挥着重要作用，也被工程界认为是最为有效和最经济的防腐措施。

轨道交通工程耐久性设计以优选耐久性优良的混凝土、针对部分结构适当增加保护层厚度、加强防排水措施为主，最大限度地发挥混凝土自身的防腐性能；同时针对环境腐蚀较为严酷的结构辅以适当的防腐蚀强化措施来保证轨道交通工程设计使用寿命。

1. 主体结构划分

混凝土结构所处的腐蚀环境不同，其腐蚀机理和程度也不同。依据不同的施工区域和施工工艺将轨道交通工程划分为地下车站、地下区间、高架区间和高架车站四个区域，分别对四个不同区域的不同结构进行环境类别及作用等级的划分和耐久性设计。

2. 环境作用类别及等级划分

环境作用是指温、湿度及其变化以及二氧化碳、氧气、盐类、酸等环境因素对结构的作用。轨道交通工程水体中一般存在氯离子、硫酸根离子、侵蚀性二氧化碳和酸性水等作用，环境存在碳化和酸雨的影响，因此轨道交通工程主要存在其他氯盐作用、化学腐蚀（含酸雨）、碳化环境作用和盐类结晶破坏。

混凝土结构往往处于多种环境共同作用，针对该情况，《铁路混凝土结构耐久性设计规范》（TB 10005—2010）（以下简称"铁路耐久性规范"）中规定，铁路混凝土结构处于多种环境共同作用情况下，应对结构所处的不同环境作用分别确定，所采取的耐久性措施应同时满足每种环境作用的要求；《混凝土结构耐久性设计标准》（GB/T 50476—2019）（以下简称"国标耐久性标准"）中规定，当结构构件受到多种环境类别共同作用时，应分别满足每种环境类别单独作用下的耐久性要求。基于以上要求，混凝土结构处于多种环境共同作用，分别按不同环境作用类别考虑。

对于作用等级的划分，主要受环境湿度、水位变化、干湿交替、离子浓度和接触腐蚀介质频率等影响，按照下述原则考虑：

（1）碳化环境。依据室内环境主要按湿度是否大于60%来划分，是否长期处于水中、水变区、干湿交替区来考虑。

（2）氯盐环境。依据结构接触水体的氯离子浓度来判别，同时考虑是否长期处于水中、水变区、干湿交替区来考虑。例如，承台接触孔隙潜水处于水变区；侧墙接触承压水和孔隙潜水，局部处于水变区。

（3）化学腐蚀环境。依据腐蚀介质类别和浓度来划分。对于酸雨环境，墩柱由于箱梁挂板的遮挡，墩柱上部一般情况不易接触到酸雨，但根部会接触到酸雨；道床部分裸露，会直接接触酸雨；箱梁处于酸雨环境中。

（4）盐类结晶破坏。依据腐蚀介质类别和浓度来划分，同时考虑结构存在毛细孔吸附作用。例如，桩基和承台均位于地面和水面以下，可不考虑盐类结晶破坏；墩柱根部在硫酸根达到限值时需考虑盐类结晶破坏。

对于水变区的划分，主要考虑地下水位，侧墙、承台需考虑水位变化。对于干湿交替区，管片混凝土易渗漏，因空调使用、列车通过等原因，管片表面的含水量下降易形成干湿交替；墩柱根部受外界温湿度的影响，也会出现干湿交替。

3. 混凝土强度等级、保护层和裂缝宽度取值

混凝土强度等级、保护层和裂缝宽度取值主要以铁路耐久性规范为参考，辅以国标耐久性标准。高架车站承受列车荷载的结构及基础结构，地下车站，区间除室内梁、板、柱外构造设计及裂缝宽度，混凝土强度等级及性能依据铁路耐久性规范执行，而地下车站及高架车站的室内梁、板、柱按国标耐久性标准执行。地下车站的部分侧墙、底板和高架区间部分承台腐蚀环境较为严酷，在保证混凝土耐久性指标的前提下，较铁路耐久性规范降低了一个强度等级，并进行了使用寿命的论证。对于桩基础，采取提高保护层的措施来满足耐久性能。

4. 防腐

对于腐蚀严酷环境，提出防腐强化措施。针对氯盐腐蚀环境，对于渗漏部位，采取防水涂层的措施阻止氯离子侵蚀混凝土。针对受酸雨环境影响的墩柱和道床结构，采用加强排水、防止渍水等措施来确保耐久性。

2.2.2　标准和规范

轨道交通工程混凝土耐久性设计主要参考铁路耐久性规范，部分参考国标耐久性标准，可参考以下标准和规范：

（1）《铁路混凝土结构耐久性设计规范》（TB 10005—2010）；
（2）《混凝土结构耐久性设计标准》（GB/T 50476—2019）；
（3）《岩土工程勘察规范》（2009 年版）（GB 50021—2001）；
（4）《混凝土结构耐久性设计与施工指南》（CCES 01—2004）；
（5）《地铁设计规范》（GB 50157—2013）；
（6）《混凝土结构设计规范》（2015 年版）（GB 50010—2010）；
（7）《水运工程结构防腐蚀施工规范》（JTS/T 209—2020）。

2.3　混凝土结构耐久性设计

对地下车站主体结构、地下区间、高架车站、高架区间混凝土结构进行耐久性设计，地下明挖区间结构、U形槽出口的耐久性设计方案参照相应的地下

车站混凝土结构。

2.3.1 腐蚀环境类别及其作用等级

1. 地下车站、区间

地下水中腐蚀介质主要有氯离子、硫酸根、水中镁离子含量和水中侵蚀性二氧化碳以及酸性水。

对于盾构管片,由于地下水位较高,管片埋深均在地下水位以下,考虑承压水对管片的影响,外弧面处于长期浸润环境,内弧面考虑可能出现渗漏,处于干湿交替环境,连接通道不考虑渗漏。

对于氯盐环境,铁路耐久性标准和国标耐久性标准均根据该结构所处地下水中氯离子浓度及是否有干湿交替来划分氯盐环境等级。

对化学腐蚀环境等级的划分,主要依据是水中硫酸根离子浓度、水中镁离子含量、侵蚀性二氧化碳浓度和酸性水 pH 值。

对于地下车站和明挖区间结构,对主体结构中地下连续墙、顶板、底板、内衬侧墙和室内梁、板、柱进行环境作用等级划分。地下连续墙两侧均浸没于地下水中,处于长期浸没环境,考虑孔隙潜水、承压水的影响。内衬侧墙迎水/土面长期浸没于地下水中,考虑孔隙潜水、承压水的影响,背水/土面为室内环境。底板考虑承压水的影响。顶板上部迎水/土面为长期浸没区,背水/土面为室内环境,平均湿度≥60%。室内梁、板、柱属于室内环境,平均相对湿度大于60%。

2. 高架车站、区间

影响高架车站、区间混凝土结构耐久性的主要因素为酸雨频繁作用、地下水氯离子腐蚀钢筋、化学(硫酸盐、镁离子、侵蚀性二氧化碳、酸性水)腐蚀混凝土和裂缝、碳化引起的钢筋锈蚀。高架车站、区间包含地下结构的桩基、承台,地上结构的墩柱、上部结构等。地下结构主要受地下水腐蚀介质影响,地上结构主要为室外环境,与工程相关的室外环境为酸雨频繁作用环境,属于Ⅴ类环境。

参照铁路耐久性规范、国标耐久性标准的相关规定,分别针对高架站的桩基、承台、框架柱和室内梁、板、柱,高架区间的桩基、承台、墩柱、盖梁、箱梁和道床进行环境作用等级划分。对于高架车站和高架区间,直接承受列车荷载的结构按照铁路耐久性规范要求设计,不受荷载的上部结构按国标耐久性标准要求设计。

对于高架部分的桩基、承台,由于埋于土面以下,不考虑结晶盐类破坏环境；由于在箱梁外设计挂板可起到阻隔雨水的作用，不考虑酸雨对箱梁、盖梁的侵蚀。

部分同时处于氯盐环境和化学腐蚀环境（包含水中硫酸根离子、镁离子、可溶性二氧化碳或酸性水环境）的结构划分环境作用等级时按满足所有环境要求考虑。

2.3.2 构造设计与裂缝

保护层厚度选取和裂缝控制标准依据轨道交通工程所处的地理位置、环境作用等级，结合以往工程裂缝控制的经验，参考国标耐久性标准和铁路耐久性规范分别提出要求。

1. 混凝土保护层厚度

《地铁设计规范》（GB 50157—2013）定义保护层厚度为纵向受力筋外边缘至混凝土表面的距离。国标耐久性标准对最小保护层厚度的定义为外侧钢筋（包括主筋、箍筋和分布筋）外边缘至混凝土表面的距离，包含了施工允差（其中对梁、柱等条形构件的允差规定为10mm，板、墙等面形构件规定为5mm）。铁路耐久性规范规定最小保护层厚度为：在一定条件下，为保证混凝土结构的耐久性，混凝土结构中从混凝土表面到最外层钢筋外缘所必需的最小距离。各标准、规范分别针对桥涵、隧道等不同结构对保护层最小厚度进行了规定。

高架站、区间各主体结构部位混凝土最小保护层厚度需考虑环境作用而非荷载作用，涉及温度、风、湿度及其变化和环境中硫酸盐对混凝土的破坏、碳化作用对钢筋的腐蚀。

依据铁路耐久性规范和国标耐久性标准，提出不同环境类别及作用等级下，各结构部位的最小保护层厚度，当两者有差异时，一般情况下最小保护层厚度取两者之间的较大值。

2. 表面裂缝最大宽度限值

为有效控制裂缝，减轻环境作用影响、提高混凝土自身抗侵蚀能力，对于表面裂缝最大宽度限值，《混凝土结构设计规范》（GB 50010—2010）、《地铁设计规范》（GB 50157—2013）和铁路耐久性规范、国标耐久性标准均提出了要求。相对来说，铁路耐久性规范要稍严格一些。

《地铁设计规范》（GB 50157—2013）中规定处于一般环境中的结构，最大裂缝宽度可按表2-5进行控制。而对于处于侵蚀环境下的结构，其最大裂缝宽度允许值应根据具体情况另行确定。

表 2-5 《地铁设计规范》(GB 50157—2013) 对于不同环境等级最大裂缝宽度的限制

结构类型		允许值 (mm)	附注
钢筋混凝土管片		0.2	—
其他结构	水中环境、土中缺氧环境	0.3	—
	洞内干燥或者潮湿环境	0.3	环境相对湿度为45%~80%
	迎土地表附近干湿交替环境	0.2	—

根据国标耐久性标准，铁路耐久性规范则对不同环境类别的不同环境等级也提出了表面裂缝计算宽度最大限制的要求，主要控制指标均在 0.2mm 以下。

高架站、区间各主体结构部位混凝土表面裂缝最大宽度限值需考虑环境作用而非荷载作用，涉及温度、风、湿度及其变化和环境中硫酸盐对混凝土的破坏、碳化作用对钢筋的腐蚀。

混凝土结构设计规范、地铁设计规范和结构耐久性规范对于混凝土结构表面最大裂缝的限制规定类似，而铁路耐久性规范则相对较严，极端恶劣环境的最大裂缝宽度限值达到 0.15mm，其他均要求 0.2mm 以下。对于地下车站，梁、板、柱按国标耐久性标准要求来限制混凝土表面的最大裂缝宽度，其他结构以《铁路耐久性规范》耐久性为主。

2.3.3 混凝土性能指标

1. 地下车站、区间

利用地下盾构区间环境作用等级划分结果，依据铁路耐久性规范，参考国标耐久性标准提出地下盾构区间的最低混凝土强度等级要求。同样，依据铁路耐久性规范、国标耐久性标准提出地下车站的最低混凝土强度等级要求。

按照铁路耐久性规范要求，底板、侧墙背水/土面环境作用等级为 T3，混凝土强度是 C40，而考虑结构抗裂需要，本报告要求该结构混凝土最低强度为 C35，即通过配制高抗渗性混凝土，在保障混凝土结构耐久性条件下降低一个强度等级。

采用高抗渗混凝土是最为经济和有效的防腐措施。轨道交通工程混凝土除腐蚀危害外，普遍存在地下结构超长、大体积混凝土易开裂的风险，通常对混凝土配制提出低强度等级、高抗渗性能的要求。混凝土密实性可通过适当掺入矿物掺合料来提高，与强度并不存在线性关系，因此在满足实际工程需要的情况下，可通过使用高性能外加剂、适当掺入高品质矿物掺合料来提高混凝土抗渗性能，配制轨道交通工程高抗渗混凝土，以满足混凝土结构耐久性要求。

通过高抗渗混凝土的配制，可以在降低抗压强度等级条件下满足结构耐久性要求，本研究依此提出侧墙、底板抗渗等级 P8、56d 电通量小于 1000C 的要求以保障混凝土抗渗性能。

2. 高架车站、区间

依据混凝土结构设计规范和铁路耐久性规范，结合调研和工程经验，分别提出高架车站和区间的最低强度等级。针对轨道交通工程高架区间、车站不同混凝土结构的腐蚀特点以及腐蚀环境，提出混凝土材料的技术指标要求。

由于高架车站和区间结构同时为大体积混凝土结构，强度过高对混凝土抗裂极为不利，而混凝土密实性可通过适当掺入矿物掺合料来提高，与强度并不存在线性关系，因此在满足实际工程需要的情况下，可考虑通过使用高性能外加剂、适当掺入高品质矿物掺合料来提高混凝土抗渗性能，配制轨道交通工程高抗渗混凝土，以满足混凝土结构耐久性要求。

2.3.4 防腐方案设计

1. 地下车站、区间

轨道交通工程地下结构中，主要腐蚀危害是氯离子侵蚀和碳化。氯离子渗透进入混凝土内部，当钢筋表面的氯离子浓度超过临界值时，会引起钢筋脱钝，进一步导致钢筋锈蚀。因此，采取的防腐蚀措施主要以高抗渗性混凝土为主。然而根据在建或已建成的项目经验以及对以往工程项目的检测结果表明，仅靠混凝土往往不能满足 100 年的设计使用寿命要求，因此需要采取其他附加措施。

针对地下不同混凝土结构的腐蚀特点以及腐蚀环境，为了保证结构 100 年的设计使用寿命，提出如下防腐的总体思路：采用高抗渗混凝土和适当增加混凝土保护层厚度，同时针对不同的结构部位增加相应的附加防腐措施，如防水涂层、钢筋阻锈剂等，并考虑耐久性的监测和维护（维修）。

管片是高精度预制构件，其质量对盾构区间影响极大，同时较易渗漏。针对该结构，应加强混凝土防渗工作，在施工验收及检修时加强对渗漏部位的检查，如发现渗漏，应在管片内侧刷防水涂层。

2. 高架车站、区间

轨道交通工程高架结构中，地下水中氯离子含量较高的同时硫酸盐含量也较高，存在多种腐蚀因素共同作用。同时，对于酸雨频繁的地区，酸雨中也含有大量硫酸根离子。硫酸根离子和氯离子与钢筋混凝土腐蚀机理有很大不同，因此要针对不同腐蚀环境，采取不同的防腐方案。

对氯离子渗透引起钢筋锈蚀而影响混凝土耐久性寿命的研究较多。氯离子主要是渗入混凝土内部，对钢筋产生腐蚀。外部环境中的氯离子主要通过混凝土表面的微裂缝和内部的孔隙向混凝土内部渗透，当钢筋表面的氯离子浓度超过临界值，就会引起钢筋脱钝，进一步导致钢筋锈蚀。这是一个非常复杂的传输过程，目前已经了解的氯离子渗入混凝土的主要方式有：①扩散作用；②毛细管作用；③渗透作用；④电化学迁移。从扩散角度讲，控制氯离子对钢筋的腐蚀危害，主要是加强混凝土的密实性，阻止氯离子渗入混凝土内部，同时对钢筋加强保护，如采用钢筋阻锈剂或钢筋涂层等。宁波地区轨道交通工程混凝土通常采用大矿物掺合料和透水模板布等手段加强混凝土密实性，防止表面渗透。对轨道交通工程而言，主要是桩基、承台处于氯盐腐蚀环境中，可采取低渗透性混凝土等措施。

硫酸盐侵蚀的本质是环境水中硫酸根离子进入混凝土内部，与水泥石的固相发生化学反应生成难溶的钙矾石和二水石膏，这些难溶的矿物由于吸收了大量的水而产生体积膨胀，当其应力超过混凝土的抗拉强度时就会导致混凝土结构破坏。市政工程针对硫酸盐腐蚀危害则大多采用表面涂层的方式，轨道交通工程可借鉴市政工程经验，是否需要采取涂层措施在涂层选取和涂层厚度上应按要求进行试验后确定。

根据高架车站和区间各结构部位腐蚀环境类别，有针对性设计防腐方案，包括基本防腐措施——采用低渗透抗裂混凝土，附加防腐措施——表面涂层、透水模板布、钢筋阻锈剂等多项组合措施，在工程预算允许范围内，提供技术、经济性好的耐久性设计方案。

2.3.5 酸雨区混凝土防护措施

受酸雨侵蚀的混凝土结构，其外观质量、单位质量和强度均有变化。通常酸雨侵蚀后的混凝土表面呈酥松状态，气孔增多，试件表面有轻微剥落，混凝土的强度也随着龄期的增长而下降。一般认为，当混凝土强度下降到其设计强度的85%时，混凝土结构处于不安全状态，达到其服役寿命。可通过试验研究，确定胶凝材料的种类和比例，优选耐酸性好的配合比。

对于暴露于酸雨区的高架区间混凝土结构，由于墩柱、桥台、箱梁等结构混凝土中的胶凝材料和集料都会与酸雨中的 H^+ 发生化学反应，单靠混凝土本身是无法满足100年使用寿命的，涂刷混凝土表面防护剂会有效提高混凝土耐酸雨性能，延长混凝土在酸雨环境下的服役寿命。应对暴露于酸雨环境下的混凝土结构涂刷防护涂层或硅烷。

酸雨对混凝土的侵蚀程度一方面取决于它的pH值，另一方面也取决于浸泡方式。降水中的硫酸根离子（SO_4^{2-}）会汇集于混凝土的表面，进而形成硫酸盐对混凝土结构破坏，因此酸雨区还需考虑硫酸盐侵蚀。根据《铁路混凝土结构耐久性设计规范》（TB 10005—2010）对高架区间服役环境类别的判断，为满足100年的设计使用年限，混凝土抗硫酸盐等级需≥KS150，同时针对不同结构形式，需设计适当的防水、排水构造。

酸雨对水泥混凝土的侵蚀破坏主要是由酸雨中的 H^+ 和 SO_4^{2-} 共同侵蚀作用的结果。H^+ 与水泥混凝土发生化学反应，导致混凝土中性化，引起结构溃散性腐蚀；SO_4^{2-} 导致钙矾石和石膏的产生，引起混凝土结构膨胀破坏。合理地对混凝土表面进行防腐涂层处理、设置完善的排水系统和排水构造，优化混凝土组分等措施会改善酸雨对混凝土结构的侵蚀。

轨道交通工程可采取三方面的措施来应对酸雨侵蚀，其一，通过配合比优化（较低的水胶比、适当比例的掺合料）来降低酸雨对混凝土的溶出质量损失、避免混凝土抗压强度损失；其二，延长新建混凝土结构的拆模时间，拆模后及时进行覆盖养护，避免早龄期混凝土接触酸雨；其三，设置完善的排水系统和排水构造，减少酸雨与混凝土的接触时间。

2.4 混凝土耐久性施工技术要求

混凝土施工技术要求除满足《铁路耐久性规范》及混凝土原材料、性能指标相关国家、行业标准外，还应满足以下要求：

2.4.1 混凝土原材料要求

1. 水泥

（1）采用 P·O42.5 的普通硅酸盐水泥，其质量应符合国家标准《通用硅酸盐水泥》（GB 175—2007）的要求。

（2）不得使用立窑水泥，不宜使用早强、水化热较高和高 C_3A 含量的水泥，C_3A 含量控制在 6%~8%。水泥的比表面积控制在 300~400 m^2/kg。

（3）为防止碱-集料反应的发生，采用低碱水泥，水泥的碱含量（按 Na_2O 当量计）低于 0.6%。

（4）水泥质量应稳定，实际强度应与其强度等级相匹配，其抗压强度标准差控制在 3.0MPa 以内。

（5）为控制混凝土温度裂缝的产生，水泥使用时温度不得超过60℃，避免使用刚出厂的新鲜水泥。

2. 粉煤灰

（1）粉煤灰必须来自燃煤工艺先进的电厂且为低钙灰。粉煤灰必须是品质稳定、来料均匀、来源固定的二级以上灰。

（2）粉煤灰的品质特别注意烧失量和需水量比两项指标，其中粉煤灰烧失量不得大于8%，对预应力梁混凝土，烧失量不宜大于5%。

（3）计算混凝土总碱量时，粉煤灰的碱含量以其中的可溶性碱计算，可溶性碱约为总碱量的1/6（总碱量以$Na_2O+0.658K_2O$计）。

3. 磨细矿渣

（1）轨道交通工程混凝土宜将磨细矿渣作为胶凝材料的组分。矿渣应符合《高强高性能混凝土矿物外加剂》（GB/T 18736—2017）的有关规定，宜采用S95级矿粉，比表面积宜控制在$400\sim450m^2/kg$。

（2）应检测所用各种矿物掺合料的碱含量。矿物掺合料中的碱含量应以其中的可溶性碱计算（如无检测条件时，矿粉可溶性碱约为总碱量的1/2）。

4. 集料

（1）碎石应符合国标《建设用卵石、碎石》（GB/T 14685—2011）的技术要求。

（2）选择料场时必须对碎石进行潜在碱活性的检测，不得采用可能发生碱-集料反应的活性集料。

（3）轨道交通工程混凝土碎石应选用粒形和级配良好的碎石，碎石粒径范围为5~31.5mm和5~25mm，采用两级配碎石，碎石的主要技术要求见表2-6。

表2-6 碎石的主要技术要求

序号	项 目	指标	
		C50以下	C50及以上
1	含泥量或粉尘含量（按质量计,%）≤	0.5	0.5
2	泥块含量（按质量计,%）=	0	0
3	坚固性指标的质量损失（%）≤	8	5
4	岩石抗压强度/混凝土强度，≥	2	2
5	针片状颗粒（按质量计,%）≤	10	5
6	碎石压碎指标（%）≤	10	7
7	表观密度（kg/m^3）≥	2600	2600
8	松散堆积密度（kg/m^3）≥	1450	1450
9	空隙率（%）≤	45	45

续表

序号	项 目	指标	
		C50以下	C50及以上
10	吸水率（%）≤	2	2
11	碱-集料反应（膨胀率）（%）≤	0.15	0.15
12	有机物含量	合格	合格
13	硫化物及硫酸盐含量（%）≤	0.5	0.5

（4）碎石的吸水率、热膨胀系数直接影响混凝土的抗裂性能。轨道交通工程不得使用吸水率高的砂岩和线膨胀系数大的石英岩。

（5）细集料采用满足国标《建设用砂》（GB/T 14684—2011）要求的Ⅱ类2级配区中砂，细度模数宜控制在2.4~2.9。天然河砂技术要求见表2-7。

表2-7 天然河砂的主要技术要求

序号	项 目		指标
1	含泥量（按质量计,%）≤		2.0
2	泥块含量（按质量计,%）≤		0.5
3	有害物质含量	云母（按质量计,%）≤	2.0
		轻物质（按质量计,%）≤	1.0
		有机物（比色法）	合格
		硫化物和硫酸盐（按SO_3质量计,%）≤	0.5
		氯化物（以Cl^-质量计,%）≤	0.01
		贝壳（按质量计,%）≤	≤3.0
4	坚固性的质量损失（%）≤		8
5	表观密度（kg/m³），≥		2500
6	松散堆积密度（kg/m³），≥		1400
7	空隙率（%）≤		44
8	碱-集料反应（膨胀率,%）≤		0.10

5. 化学外加剂

（1）C30及以上强度等级混凝土使用聚羧酸减水剂。

（2）聚羧酸减水剂减水率应不低于25%，固含量应大于20%，混凝土1h坍落度损失小于初始值的10%，泌水率比不大于60%，28d收缩率比不大于100%。

（3）聚羧酸系减水剂进场后必须进行匀质性检验，使用前应进行混凝土适应性试验，当固含量发生变化时必须通过试验调整其掺量。

(4) 聚羧酸减水剂中氯离子含量（按折固含量计）不大于0.6%，总碱量（按折固含量计）不大于10%。

(5) 外加剂含气量满足《铁路耐久性规范》等相关规范要求。

6. 拌和用水

混凝土拌和不得使用海水、污水和pH值小于5的酸性水，水中的氯离子含量应小于200mg/L，硫酸盐含量按SO_4^{2-}计小于500mg/L。

2.4.2 混凝土配合比设计

1. 配合比设计的原则

轨道交通工程混凝土配合比设计应以耐久性为核心，抗裂性和抗渗性并重，同时兼顾混凝土工作性能，确保各项性能均衡发展。

2. 配合比设计的相关要求

(1) 混凝土的配合比设计除应满足国家标准规定外，尚应满足该工程商品混凝土供应项目招标文件中的相关要求。

(2) 防水混凝土最低水泥用量不宜低于260kg/m³。

(3) 车站和区间主体结构混凝土单方用水量不宜大于160kg/m³。预制混凝土衬砌管片单方用水量不宜大于150kg/m³。

(4) 为防止碱-集料反应的发生，单方混凝土中总碱含量不应超过3.0kg/m³。

(5) 钢筋混凝土中氯离子含量不应超过胶凝材料总量的0.10%，预应力钢筋混凝土中氯离子含量不应超过胶凝材料总量的0.06%。

(6) 在混凝土试配阶段，除进行抗压强度、抗渗等常规测试外，还应进行电通量和抗碳化等耐久性试验。抗氯离子渗透试验可参照《普通混凝土长期性能和耐久性能试验方法标准》（GB/T 50082—2009）。对于有抗裂要求的，应进行混凝土抗裂性能对比试验。混凝土开裂评价试验方法可参照《普通混凝土长期性能和耐久性能试验方法标准》（GB/T 50082—2009）。

(7) 宜通过限制混凝土早期强度的发展有效控制早期热开裂。要求24h抗压强度不大于12MPa，对抗裂要求较高的构件，不宜高于10MPa（有预应力张拉的构件除外）。C50预制混凝土衬砌管片无此项要求。

2.4.3 结构和构造措施

1. 一般要求

(1) 保证混凝土结构耐久性的必要构造措施包括：①隔绝或减轻环境腐蚀

因素对混凝土的作用；②控制混凝土裂缝的数量、宽度和深度；③为钢筋提供足够厚度的混凝土保护层。

（2）混凝土结构构件的形状和构造应有效避免水、汽和有害物质在混凝土表面的积聚。

2. 混凝土保护层

（1）为了利于钢筋的定位，要求使用定制保护层定位夹（块）。保护层定位夹（块）的尺寸及其形状应能保证混凝土保护层厚度的准确性。浇筑混凝土前，钢筋安装时保护层厚度的允许偏差：板墙结构＋3mm，－0mm；梁及柱结构＋5mm，－0mm。保护层内不得有绑扎钢筋的铁丝伸入。

（2）浇筑混凝土前，应仔细做好以下检查工作：①检查保护层定位夹（块）的位置、数量及其紧固程度，提高保护层厚度尺寸的施工质量保证率；②检查模板、钢筋、预埋件和预留孔的尺寸、规格、数量和位置，其偏差应符合现行行业标准的有关规定；③检查模板支撑的稳定性和接缝的密合情况。

（3）现场混凝土保护层的实际厚度宜采用非破损检测确定。非破损方法使用的仪器应经过计量检验，并用局部破损方法进行校准，钢筋保护层厚度检测仪检测误差不应大于1mm。

3. 施工缝和伸缩缝

（1）结构的施工缝和伸缩缝位置，应尽可能避开可能遭受最不利侵蚀环境的部位以及可能发生较大拉应力的部位。

（2）在浇筑新混凝土前，施工缝的表面应用压力水冲洗、钢丝刷刷洗或凿毛。在用水刷洗时混凝土抗压强度须达到0.5MPa，在人工凿毛时须达到2.5MPa，用风动机凿毛时须达到10MPa，同时应洒水使混凝土保持潮湿状态直至浇筑新混凝土。

2.4.4 混凝土施工

1. 一般要求

混凝土施工除应符合国家相关标准的规定外，尚应满足设计、招标文件中的相关要求。

2. 混凝土拌和

（1）聚羧酸系高性能减水剂混凝土的搅拌时间应比普通混凝土的搅拌时间适当延长，从投料到出机，总的搅拌时间不少于120s。对于混凝土的搅拌时间，每一工作班应至少抽查2次。

（2）混凝土的坍落度应在搅拌站和浇筑地点分别取样检测，每一工作班不应少于2次，如有疑问，可随时检测。在搅拌站和浇筑地点检测坍落度时，还应观察混凝土的和易性，不得泌水、离析、分层。

3. 混凝土浇筑

（1）应控制混凝土的出机口温度，保证浇筑温度满足温控标准的要求。混凝土浇筑温度应视气温而调整，在炎热气候下不宜高于30℃，冬季不得低于5℃。

（2）厚度大于800mm的底板（含底梁）、厚度大于500mm的侧墙和顶板、高架部分的承台，必须按大体积混凝土考虑，并采取缓凝措施，且缓凝时间不宜少于20h。

（3）当日平均气温超过20℃时，对厚度大于300mm的墙体，或断面最小尺寸大于300mm的柱，浇筑前应预先冷却模板，浇筑后继续保持模板冷却，其方法有覆盖湿麻布或草袋、喷雾或淋水等。

（4）明挖车站、通道、风道的底板、中楼板和顶板，暗挖车站、区间（含折返线）、通道和风道的仰拱，混凝土浇筑完毕后，在混凝土终凝前应进行多次抹压并进行覆盖，边抹压边覆盖；最后一次抹压时，采取"边掀开、边抹压、边覆盖"的措施，覆盖材料应与混凝土表面严密粘贴，以抑制塑性裂缝。已经出现的表面裂缝，应在混凝土终凝前予以修整。

4. 混凝土拆模与养护

（1）根据气候条件采取温控措施，应按需要测定浇筑后的混凝土表面和内部温度，将温差控制在设计要求的范围以内。

（2）在已浇筑的混凝土强度未达到1.2MPa以前，不得在其上踩踏或安装模板及支架。

（3）对墙体和柱体结构，拆模前可在适当时间松动模板，向模板内淋水养护，直至拆模。拆模后，可采用涂刷养护剂或覆盖喷水方法养护。涂刷养护剂时，必须边拆模边涂刷，不得延误涂刷时间或漏刷。覆盖喷水养护时，应防止风吹混凝土表面，保持混凝土表面湿润。

（4）明挖车站、通道、风道的底板、中楼板和顶板混凝土浇筑完毕抹面后，应立即严密覆盖。终凝后潮湿养护，宜采用蓄水养护，蓄水厚度不宜小于200mm。底模拆除后，应保持混凝土表面湿润，避免上下表面有较大的湿度差和温度差。

（5）应按温控要求确定拆模时间，拆模时间不宜少于3d。拆模后应进行湿养护，湿养时间不应少于14d，在条件允许的情况下，可以考虑对混凝土结构进行60d养护。

（6）对于盾构管片，蒸汽养护结束后应继续采取二次养护措施保湿养护7d以上，冬期施工严禁采用室外泡水养护方法。大型预制构件脱模后宜采用涂刷养护剂的方法继续养护。

2.4.5 混凝土质量检验

1. 一般要求

（1）为了确保混凝土结构工程质量，对主要原材料（水泥、碎石）、预制构件生产企业和混凝土搅拌站实行招标，对高性能减水剂实行资格准入制度，对混凝土搅拌站和预制构件生产企业实行驻站监理制度。

（2）当混凝土试件检验结果评定不合格或对混凝土实体产生怀疑时，应进行混凝土实体质量检验。

2. 检验要求

（1）施工前混凝土搅拌站（包括预制构件企业）和监理单位应对所使用的混凝土原材料质量进行检验，检验主要内容包括产品合格证、出厂检验报告和型式检验报告。混凝土配合比首次开盘时监理单位应进行旁站。

（2）施工过程中混凝土搅拌站（包括预制构件企业）应根据本课题组提出的原材料技术要求和相关国家标准的规定对原材料进行进场检验。同时监理单位应对进场的原材料进行见证试验。

（3）施工过程中应对混凝土工作性、强度、抗渗等级等性能进行检验。其检验项目、检验频次、取样和试样留置、检验结果应满足国家相关标准的要求。同时监理单位应按照相关规定进行见证试验。

（4）施工过程中应对结构混凝土进行耐久性检验。

（5）对施工过程中检验混凝土强度等级、抗渗等级和耐久性的试件，应在混凝土浇筑地点随机抽取，同一批试件应从同一盘混凝土或者同一运送的混凝土中抽取。

（6）混凝土实体质量检验内容包括外观质量检验、钢筋保护层厚度检验、强度检验和渗透性能检验。

混凝土耐久性检测指标与频率见表2-8。

表2-8 混凝土耐久性检测指标与频率

检测指标		检测频率
混凝土密实性	抗水压渗透	有要求时，配合比报批时测试一次；施工过程中同施工标段、同施工工艺、同配合比混凝土每2000m³检测一次，不足时也检测一次
	56d电通量（C）	
	56d氯离子扩散系数（$\times 10^{-12} m^2/s$）	

续表

检测指标		检测频率
抗碳化性能	28d 快速碳化深度（mm）	有要求时，配合比报批时测试一次；施工过程中同施工标段、同施工工艺、同配合比混凝土检测一次
	抗硫酸盐等级	有要求时，配合比报批时测试一次；施工过程中同施工标段、同施工工艺、同配合比混凝土检测一次
	碱-集料反应	每种粗集料检测一次，每个配合比报批时进行混凝土碱含量测算

2.5 混凝土结构耐久性检测与维护

按照轨道交通工程耐久性设计采用的全寿命设计的思想，应对轨道交通工程主体结构（设计寿命为100年）的重点部位（腐蚀环境较为恶劣的站点或区间）定期进行检查与维修，在施工时预设检查与维修构造和设施，对于环境腐蚀严重的重要结构进行健康监测，及时监测混凝土结构的耐久性现状并给予评价，为结构耐久性的再设计和维护、维修提供参考。

2.5.1 监测与维护要求

对结构提出如下的监测和维护要求：

（1）混凝土材料性能的检测。通过在混凝土结构实体上提取混凝土样品进行性能测试、同条件模拟试验，以及建立混凝土结构长期监测档案，定期对严重腐蚀环境下的重要构件的材料劣化数据和保护层厚度变化进行检测。

（2）结构裂缝监测。有必要对结构进行定期监测，观察裂缝的发展状况，对裂缝进行有效的描述；同时建立结构的裂缝档案，以有效规避裂缝对混凝土耐久性的影响。

（3）渗漏情况处理。对于渗漏情况应及时处理，避免出现干湿循环导致腐蚀介质浓度累积。

（4）在环境腐蚀最为恶劣的闽江路站、出入段线的承台、墩柱等重点部位分别设置预埋式耐久性无损监测传感系统：监测钢筋脱钝前峰值发展进程；监测实际钢筋锈蚀活动；监测修复保护措施的效果，为结构维护保养提供信息。

2.5.2 维护周期建议

为了确保轨道交通工程设计使用寿命,应重视结构耐久性检测与日常维护工作。轨道交通工程各混凝土构件设计使用寿命与维护周期见表2-9。

表2-9 混凝土构件设计使用寿命与维护建议

构件名称	设计使用寿命	日常维护周期	是否可更换	备注
地下连续墙、桩基	100年	—	不可更换	—
侧墙	100年	每5年检修1次	不可更换,局部可修复	定期维护
底板、顶板	100年	每5年检修1次	不可更换,局部可修复	定期维护
室内梁、板、柱	100年	每5年检修1次	不可更换,局部可修复	定期维护
管片	100年	每2年检修1次	不可更换,局部可修复	部分腐蚀严重处建立健康监测系统,定期维护
承台	100年	—	不可更换	—
墩柱、盖梁	100年	每2年检修1次	不可更换,局部可修复	定期维护
箱梁	100年	每2年检修1次	不可更换,局部可修复	部分腐蚀严重处建立健康监测系统,定期维护
道床	100年	每2年检修1次	不可更换,局部可修复	定期维护

2.6 结论及建议

(1) 轨道交通工程混凝土结构耐久性影响因素多、腐蚀环境复杂。地下车站、地下区间主要受氯盐和碳化影响;高架车站、高架区间暴露于空气中的结构主要受酸雨和碳化影响,其余部分受氯盐和硫酸盐影响。

(2) 轨道交通工程中可采取三方面的措施来应对酸雨侵蚀,其一,通过配合比优化(较低的水胶比、适当比例的掺合料)来降低酸雨对混凝土的溶出质量损失,避免混凝土抗压强度降低;其二,延长新建混凝土结构的拆模时间,拆模后及时进行覆盖养护,避免早龄期混凝土接触酸雨;其三,设置完善的排水系统和排水构造,减少酸雨与混凝土接触时间。

(3) 轨道交通工程耐久性方案以提高混凝土自身的防腐性能为主,针对不同的腐蚀环境选取防腐蚀强化措施。对于氯盐和碳化环境,通过提高混凝土抗渗性能,实现中等强度等级高抗渗性能;对于酸雨环境,通过提高混凝土抗硫酸盐侵蚀性能和采取抗酸涂层(硅烷)措施。

（4）混凝土耐久性设计实现的根本是提高混凝土自身的防腐性能，因此建设期的质量控制是保障工程耐久性设计实施效果的重中之重，需从混凝土原材料到混凝土施工、养护、质量检验均严格控制，确保混凝土达到性能指标要求，同时避免有害裂缝的出现。

（5）防水层的施工质量对于混凝土的耐久性非常重要，地下结构出现渗漏后易形成干湿循环，导致腐蚀介质的累积，影响工程使用寿命，因此需非常重视防水层施工质量，尤其是腐蚀介质浓度较高的地段。

（6）主体结构的重点部位（环境腐蚀较为恶劣的站点或区间）定期进行检查与维修，在施工时预设检查与维修构造和设施，对于环境腐蚀严重的重要结构进行健康监测，及时监测混凝土结构的耐久性现状并给予评价，为结构耐久性的再设计和维护、维修提供参考。

3 轨道交通工程管片混凝土配制技术及工艺研究

3.1 概述

3.1.1 工程实例

1. 广佛地铁

广佛线经过广州市、佛山市两个城市，是国内第一条城际地铁，起点为佛山魁奇路站，终点为广州沥窖站，线路全长32.2km，共设21座车站。其中广州市境内17.4km，设10座车站；佛山市境内14.8km，设11座车站。广佛线十二标位于广州市南海区，工程主要包括两个明挖车站和两个盾构区间。盾构区间隧道设计采用双线单孔隧道，区间双线总长5150m。

该工程管片规格6000mm×5400mm×1500mm×300mm，一环六片，标准片最大质量4.3t。混凝土采用C50，一个标准环混凝土用量约8m³。南海的管片混凝土配合比见表3-1。

表3-1 南海管片混凝土配合比 （kg/m³）

材料	水泥	砂	碎石	水	外加剂
品种	P·O42.5	中粗砂	φ31.5mm	—	萘系
用量	420	712	1162	151	掺量1%

2. 武汉地铁

武汉地铁2号线一期工程盾构管片的预制，武汉长江隧道盾构管片混凝土配合比见表3-2。

表3-2 武汉长江隧道管片混凝土配合比 （kg/m³）

原材料	水泥	粉煤灰	砂	碎石	水	外加剂
品种及产地	亚东P·O42.5	汉川Ⅰ级灰	中粗砂	5~25mm	—	花王迈地150SH/萘系
用量	420	—	680	1210	140	6.2

3. 配合比分析

不同地铁工程管片混凝土配合比比较见表3-3。

表3-3 不同地铁工程管片混凝土配合比

工程	胶材用量及比例（kg/m³）	水胶比	外加剂	坍落度（cm）
广佛地铁	P·O42.5，420	0.32	萘系，1.0%	5~7
武汉过江隧道	P·O42.5，420	0.32	萘系，1.0%~1.2%	夏5~7，冬3~5
南京地铁	P·O42.5，460（80%C+20%FA）	0.29	聚羧酸，0.6%	3~5

从以上国内工程实例混凝土可以看出有如下特点：

（1）配制技术路线。以上几个工程实例管片混凝土均采用较低的水胶比，大多使用纯P·O水泥不掺掺合料的配制路线。

（2）胶材用量及比例。考虑材料地域性的差别，3个工程实例管片混凝土采用的都是P·O42.5水泥，胶材用量为420~460kg/m³。

（3）水胶比。以上几个工程实例C50管片配合比采用的水胶比为0.29~0.32。

（4）外加剂。以上几个工程实例中外加剂大多采用萘系。

分析以上配合比，可以看出有几个方面有待改进。多数配合比没有添加适量的掺合料，对混凝土抗裂性、抗渗性、抗碳化等耐久性不利；大多没有添加适量的掺合料，配合比不经济；多数采用萘系外加剂。研究表明聚羧酸外加剂的耐久性优于萘系。此外，蒸汽养护对管片混凝土耐久性能的影响研究较少。

3.1.2 管片混凝土特点

轨道交通工程盾构区间跨度大，所处位置地质条件差异较大，且可能要穿过地下水位高的区域，与地下工程混凝土有着较大的差别，具有如下几个方面的特点：

（1）混凝土耐久性要求高，盾构区间主体结构设计使用寿命为100年，耐久性影响因素多，对防水防渗提出了很高的要求。

（2）采用蒸汽养护。由于管片混凝土采用工程预制的方式，考虑管片模具价格较高，为了提高生产效率和管片模具的周转率，管片混凝土需采用蒸汽养护。

（3）早期强度要求高。由于管片混凝土采用蒸汽养护的方式，考虑管片模具的周转和脱模时不损坏管片，根据《预制混凝土衬砌管片》（GB/T 22082—2017）的要求，采用真空吸盘时，脱模强度（一般为10~12h）应大于15MPa。

（4）精度要求高。由于管片为预制构件，且采用错缝拼装方式，因此对混凝土管片的精度要求较高。

（5）抗裂和抗渗要求高。盾构区间所处区域可能地下水位高，且存在氯盐侵蚀的隐患，因此对管片混凝土的抗渗要求高。此外，管片混凝土的强度等级较高（为C50），采用蒸汽养护的方式、胶材用量较大、水化热高、早期自收缩大，导致防裂难度大，一旦管片混凝土开裂，将大大降低混凝土的抗渗性能。因此，管片混凝土对抗渗性能提出了较高的要求，同时还要求混凝土具有良好的抗裂性。

3.1.3 管片混凝土耐久性影响因素

研究表明，轨道交通工程盾构区间混凝土结构所处的环境较为恶劣，可能导致工程混凝土结构劣化的主要因素有：Cl^-（氯离子）侵蚀引起的钢筋锈蚀、碳化、SO_4^{2-}（硫酸根离子）的侵蚀和碱-集料反应等。

根据轨道交通工程地层分布情况及其物理力学性质，与工程有关的地下水主要分为孔隙潜水和承压水两部分，孔隙潜水水位埋深0.3~2.0m，为浅部地下水，微承压水或承压水水头的埋深分别为地下3.0~8.0m和3.0~10.0m，并呈幅度不等的周期性变化。轨道交通工程以地下工程为主，地铁车站（2层）和盾构隧道的埋深一般为10~20m，而地铁线路的车站（3层）和盾构隧道在部分地段的最大埋深为24m，因此轨道交通车站和盾构隧道外表面承受的地下水水压较大，使得地下水和水中的有害离子的渗透速度增大。在此种环境下混凝土结构存在Cl^-和SO_4^{2-}等化学腐蚀破坏的隐患。

轨道交通工程混凝土所处的环境比较复杂，隧道内部空气中的CO_2的浓度较高，且由于轨道交通车站位于地面以下，温度相对比较恒定，沿海地区如宁波、深圳等地下车站运营期间的温度为25~28℃，相对湿度为40%~80%，处于碳化最容易发生的温湿度范围。因此，相对与地上工程混凝土，地下工程混凝土发生碳化可能性更大，更容易造成对轨道交通工程混凝土的破坏。

此外，我国部分地区（如宁波）的碎石一般都存在潜在碱活性，使用潜在碱活性的集料，有可能发生碱-集骨料反应，从而导致混凝土开裂破坏。

综上所述，轨道交通工程盾构管片混凝土结构所处环境较为恶劣，环境条件对管片混凝土结构耐久性提出了很高的要求。因此，需要对预制管片混凝土的配制和耐久性展开专题研究，配制出抗渗性和抗裂性优良的混凝土，确保工程使用寿命。

3.1.4 主要研究内容

配合比设计应针对盾构管片混凝土结构所处的腐蚀环境、设计要求、性能要求有针对性进行，探究其用水量、水胶比、胶材用量及比例等关键参数，在试验的基础上总结管片混凝土的配制技术，同时开展管片混凝土性能的研究，指导实际工程管片混凝土配制和生产。其主要内容包括：

（1）管片混凝土的配合比设计，提出管片混凝土的初步配合比。

（2）研究养护制度、蒸养参数等对管片混凝土力学性能的影响，得出不同配比对应的最佳蒸汽养护制度。

（3）对管片混凝土的长期力学性能、体积稳定性能和耐久性能进行研究，得出混凝土的变形规律和耐久能力，并提出轨道交通工程用管片混凝土推荐配合比。

（4）盾构管片混凝土制备和应用技术研究。

3.2 原材料及试验方法

3.2.1 试验原材料

（1）水泥：配制管片混凝土选用低碱、细度适宜的42.5级的普通硅酸盐水泥或硅酸盐水泥。

（2）矿物掺合料：矿物掺合料由于经济和技术上的诸多优势，被用作混凝土的第6组分，用其替代部分水泥不仅能降低新拌混凝土的水化热，而且能提高工作性，有利于混凝土密实成型，进而提高混凝土的力学性能和耐久性能。

（3）细集料：考虑海砂中氯离子含量较高，易对钢筋腐蚀，从而导致混凝土胀裂，基于轨道交通工程混凝土耐久性的要求，宜使用河砂。

（4）粗集料：在选择粗集料时，应尽量选择粒形和级配良好的碎石，优选压碎值、针片状含量和含泥量低，无碱活性的碎石。

（5）外加剂：外加剂是混凝土不可或缺的组分之一，是混凝土改性的主要方法和技术。

（6）拌合水：采用洁净的自来水。

3.2.2 主要的试验方法

混凝土由强制式搅拌机拌和，搅拌时间为3min，可采取两种养护方式：

① 标养。标准养护试件成型1d后脱模，再移入标准养护室进行标准养护[温度（20±2）℃，湿度大于90%]；

② 蒸养。试件成型后进行蒸养，蒸养结束后脱模，经过7d水养，自然养

护至28d。

1. 混凝土拌合物性能

坍落度、含气量、泌水率、凝结时间试验按《普通混凝土拌合物性能试验方法标准》（GB/T 50080—2016）的要求进行。

2. 混凝土的力学性能

抗压强度、劈拉强度、弹性模量等按《混凝土物理力学性能试验方法标准》（GB/T 50081—2019）的要求进行。

3. 混凝土的抗裂性试验

混凝土的抗裂性对比试验采用圆环法比较不同胶凝材料体系的开裂敏感性。圆环法试验参照《混凝土结构耐久性设计与施工指南》（CCES 01—2004）附录A进行。

4. 混凝土长期体积稳定性试验

混凝土干燥收缩试验按《普通混凝土长期性能和耐久性能试验方法标准》（GB/T 50082—2009）的要求进行。

5. 混凝土耐久性试验

（1）抗渗性能试验按《普通混凝土长期性能和耐久性能试验方法标准》（GB/T 50082—2009）的抗渗等级法进行。

（2）抗氯离子渗透性能采用电通量法进行评定和北欧标准NT BUILD 492法进行。电通量测定方法按铁道部科技基《客运专线高性能混凝土技术条件》附录A混凝土的电通量快速测定方法进行。

（3）抗碳化性能试验按《普通混凝土长期性能和耐久性能试验方法标准》（GB/T 50082—2009）的要求进行。

3.3 管片混凝土配合比设计

管片混凝土的配制通过合理选用原材料，采用低水胶比、适量掺合料（粉煤灰、矿粉）和高效减水剂为基本手段，落实以耐久性为核心，抗渗与抗裂性的理念，并以混凝土各项性能的均衡发展为目标进行混凝土配合比的优化设计，提高混凝土的密实性和耐久性，减少混凝土水化热和收缩，防止裂缝的产生及扩展，最终达到抗渗防裂的目的。

3.3.1 配制要求

管片是盾构隧道的主体结构，管片混凝土的质量是保证整个工程使用寿命的重要因素之一。由于管片混凝土强度等级高,受外界环境温度、高水化热和温度梯度等因素的影响,混凝土易产生开裂情况。因此,对管片混凝土提出如下的要求:

(1) 较高的早期强度:混凝土强度等级为C50,混凝土脱模强度大于15MPa(蒸汽养护,真空吸盘方式脱模);

(2) 混凝土要有良好的工作性:控制混凝土坍落度为(50±20)mm,并且黏聚性好、不离析、不泌水;

(3) 混凝土抗氯离子渗透性能:56d氯离子扩散系数小于$2.0 \times 10^{-12} m^2/s$(NTBuild492法),56d电通量小于800C;84d氯离子扩散系数小于$1.2 \times 10^{-12} m^2/s$(NTBuild492法),84d电通量小于600C;

(4) 混凝土抗水渗透性:抗渗等级≥P12;

(5) 混凝土体积变形:28d干燥收缩低于$300\mu\varepsilon$;

(6) 抗裂性能:净浆圆环抗裂试验性能指标优良;

(7) 混凝土外观质量:混凝土外观无色差,表面无龟裂纹。

3.3.2 配合比设计思路

1. 配合比设计原则

盾构管片混凝土最显著的特点是要求混凝土具有高抗渗性和抗裂性。为提高混凝土的抗渗性,常用的措施是通过降低混凝土水胶比、掺入混凝土掺合料(矿渣粉、粉煤灰和硅灰)来实现。过低的水胶比会增大混凝土早期自收缩,影响混凝土的体积稳定性。硅灰作为掺合料时掺量过大同样也会增大混凝土早期自收缩,同时会在一定程度上增加混凝土的水化温升,影响混凝土抗开裂性能;掺入矿渣粉后混凝土变黏,影响混凝土工作性能,大掺量时尤为明显;掺入粉煤灰后混凝土早期强度受到一定影响,同时会影响混凝土的抗碳化性能。

研究表明,混凝土的工作性能、力学性能、体积稳定性、抗裂性和抗渗透性能等均影响混凝土的耐久性。工作性能不良在施工过程中不易泵送,易堵泵,影响混凝土的施工性能和匀质性;力学性能不良达不到设计要求;体积稳定性不好收缩变形大,易开裂;抗裂性能不好会开裂形成腐蚀通道;抗渗性能不好,影响混凝土结构的使用寿命。因此,在配制轨道交通工程混凝土的过程中,切不可为提高混凝土抗渗性能而较大地影响其他性能,应使以上性能得到最大的兼顾。

综上所述,管片混凝土配合比设计应以耐久性为核心,抗裂性和抗渗性并重,同时兼顾混凝土工作性能,确保各项性能均衡发展。

2. 技术路线

轨道交通工程管片混凝土的配制宜通过合理选用原材料，采用低水胶比、适量掺合料（粉煤灰、矿粉）和高效减水剂为基本手段，全面落实以耐久性为核心，抗渗与抗裂性并重的理念，并以混凝土各项性能的均衡发展为目标进行混凝土配合比的优化设计，提高混凝土的密实性和耐久性，减少混凝土水化热和收缩，防止裂缝的产生及扩展，最终达到抗渗防裂的目的。管片混凝土配合比设计主要采用以下技术方案：

（1）在满足混凝土工作性和强度条件下尽量减小水泥用量，提高混凝土体积稳定性和抗裂性。

（2）选择适合的胶材比例，发挥级配效应，提高混凝土的致密性。

（3）优化混凝土中集料的级配设计，获取最大堆积密度和最小空隙率，以便尽可能减少水泥浆的用量。

（4）控制混凝土水胶比在一定范围内，保证混凝土强度和体积稳定性。

（5）充分发挥矿物掺合料与高效减水剂的叠加效应，从而达到减少水泥用量和密实混凝土内部结构，使混凝土强度持续发展，耐久性得以改善。

3.3.3　配合比参数选择

配合比设计时一般有 4 个关键参数，即水胶比、浆集比、砂率和矿物掺合料用量，每个参数均对混凝土性能产生重要影响。在进行轨道交通工程管片混凝土配制时按如下步骤选择。

1. 水胶比

众所周知，强度对水胶比较为敏感，过大水胶比强度得不到保证，同时会加大混凝土的孔隙率，特别是毛细孔比例，使得抗渗性得不到保证。过小水胶比会影响混凝土的工作性能，增大混凝土的自收缩。因此，宜选择适中的水胶比。在水胶比选择时，根据混凝土结构的耐久性和配制强度要求选择，选择两者的低者作为最大水胶比并作为初选水胶比，再依次减小 0.05~0.1 百分点取 3~5 个水胶比试配，得出水胶比和强度的关系，找出上述配制强度所需要的水胶比，进行再次试配。

轨道交通工程主体结构混凝土所处的环境较为复杂，部分处于地下水氯盐的腐蚀环境，部分处于普通碳化环境，不同结构的耐久性要求不同，《混凝土结构耐久性设计标准》（GB/T 50476—2019）中对水胶比的限定也不尽相同。

2. 浆集（体积）比

在水胶比一定的情况下的用水量或胶凝材料总量，或集料总体积用量即反映浆集比。对于泵送混凝土,按表3-4选择,同时参照《混凝土结构耐久性设计标准》(GB/T 50476—2019)和《地下铁道工程施工质量验收标准》(GB/T 50299—2018)中对最小和最大胶凝材料的限定范围,由试配拌合物工作性确定,取尽量小的浆集比值。水胶比一定时,浆集比小的,强度会稍低、弹性模量会稍高、体积稳定性好、开裂风险低;反之则相反。

表3-4 不同等级混凝土最大浆集比

强度等级	浆体百分率(浆集比)	用水量(kg/m³)
C50	≤0.35(1∶1.86)	≤150

3. 砂率

砂率的选择根据石子松堆空隙率与砂的松堆空隙率选择。石子松堆空隙率越小,砂率越小。在水胶比和浆集比一定的条件下,砂率的变动主要可影响施工性和变形性质,砂率过小,混凝土浆体量减小,混凝土和易性不好;砂率同时对硬化后的强度也会有所影响,在一定范围内,砂率小的,强度稍低,弹性模量稍大,开裂敏感性较低,拌合物黏聚性稍差;反之则相反。级配良好的石子,以石子松堆空隙率与砂的松堆空隙率乘积以0.16~0.20为宜。

4. 矿物掺合料掺量

矿物掺合料的掺量根据工程性质、环境和施工条件参照GB/T 50476—2019附录B和条文说明附录B选择。一般情况下,掺合料中矿渣粉与粉煤灰的比例可根据混凝土的强度及施工性能调节。预应力混凝土中粉煤灰掺量不宜大于20%。在选择掺合料种类时需根据设计要求选取。

3.3.4 配合比设计方案

根据管片混凝土配制要求和设计思路,结合配合比设计参数的选择原则,分别采用纯水泥、单掺粉煤灰、单掺矿粉、粉煤灰与矿粉复掺、粉煤灰复掺硅灰的胶材配制方式,设计配合比进行标准养护试验。

3.4 蒸汽养护对管片混凝土物理力学性能影响的研究

混凝土的物理力学性能是混凝土材料最基本的性能之一,是结构设计的基本依据,直接关系其承载能力及结构安全性,是混凝土性能研究的重要内容。与正常养护的混凝土不同,尽管蒸养混凝土早期强度较高,但较高养护温度会导致水泥水化产物的数量及分布的变化,从而影响混凝土的微观结构,进而使其宏观物理力学性能异于常温养护混凝土，因此有必要对蒸养管片混凝土的物理力学性能进行研究分析。

3.4.1 蒸养参数的影响

管片混凝土采用蒸汽养护的方式，且蒸汽养护分为静停、升温、恒温和降温四个阶段，主要涉及静养时间、升温速率、恒温时间和恒温温度四个关键蒸养参数。由于蒸汽养护过程中上述四个关键参数对管片混凝土的物理力学性能存在交互影响，故采用配合比和四因素三水平正交试验，以脱模强度（10h）和28d抗压强度为考核指标研究蒸养参数对管片混凝土物理力学性能的影响。

1. 对纯水泥混凝土的影响

采用合适的蒸汽养护制度，纯水泥管片混凝土的10h脱模强度可以满足大于15MPa的要求。此外，影响脱模强度的蒸汽养护关键参数的主次顺序为：恒温温度>恒温时间>静养时间>升温速率。

采用合适的蒸汽养护制度，纯水泥管片混凝土的28d抗压强度可以满足大于60MPa的要求，影响28d抗压强度的蒸汽养护关键参数的主次顺序为：升温速率>恒温温度>恒温时间>静养时间。

综合考虑脱模强度和28d抗压强度，纯水泥混凝土配比的最佳蒸汽养护制度：静养3h+10℃/h升温速率+恒温4h+恒温50℃（一次蒸养时间周期不得超过12h）。

2. 对单掺粉煤灰混凝土的影响

采用合适的蒸汽养护制度，单掺粉煤灰管片混凝土的10h脱模强度可以满足大于15MPa的要求，但是相同蒸汽养护制度条件下要低于纯水泥混凝土。此外，影响脱模强度的蒸汽养护关键参数的主次顺序与纯水泥混凝土相同：恒温温度>恒温时间>静养时间>升温速率。

采用合适的蒸汽养护制度，单掺粉煤灰管片混凝土的28d抗压强度可以满足大于60MPa的要求，影响28d抗压强度的蒸汽养护关键参数的主次顺序与纯水泥混凝土的相同：升温速率>恒温温度>恒温时间>静养时间。

综合考虑脱模强度和28d抗压强度，单掺粉煤灰混凝土配比的最佳蒸汽养护制度：静养3h+10℃/h升温速率+恒温5h+恒温60℃（一次蒸养时间周期不得超过12h）。

3. 对单掺矿粉混凝土的影响

采用合适的蒸汽养护制度，单掺矿粉管片混凝土的10h脱模强度可以满足大于15MPa的要求。此外，影响脱模强度的蒸汽养护关键参数的主次顺序与纯水泥、单掺粉煤灰混凝土相同：恒温温度＞恒温时间＞静养时间＞升温速率。

采用合适的蒸汽养护制度，单掺矿粉管片混凝土的28d抗压强度可以满足大于60MPa的要求，影响28d抗压强度的蒸汽养护关键参数的主次顺序与纯水泥、单掺粉煤灰混凝土相同：升温速率＞恒温温度＞恒温时间＞静养时间。

综合考虑脱模强度和28d抗压强度，单掺矿粉混凝土配比的最佳蒸汽养护制度与单掺粉煤灰相同：静养3h＋10℃/h升温速率＋恒温5h＋恒温60℃（一次蒸养时间周期不得超过12h）。

4. 对混掺粉煤灰和矿粉混凝土的影响

采用合适的蒸汽养护制度，混掺粉煤灰和硅灰管片混凝土的10h脱模强度可以满足大于15MPa的要求。此外，影响脱模强度的蒸汽养护关键参数的主次顺序与前面几组配比混凝土相同：恒温温度＞恒温时间＞静养时间＞升温速率。

采用合适的蒸汽养护制度，混掺粉煤灰和矿粉混凝土的28d抗压强度可以满足大于60MPa的要求，影响28d抗压强度的蒸汽养护关键参数的主次顺序与前其他混凝土均相同：升温速率＞恒温温度＞恒温时间＞静养时间。

综合考虑脱模强度和28d抗压强度，混掺粉煤灰和矿粉混凝土的最佳蒸汽养护制度与单掺粉煤灰相同：静养3h＋10℃/h升温速率＋恒温5h＋恒温60℃（一次蒸养时间周期不得大于12h）。

5. 对混掺粉煤灰和矿粉混凝土的影响

采用合适的蒸汽养护制度，混掺粉煤灰和硅灰管片混凝土的10h脱模强度可以满足大于15MPa的要求。此外，影响脱模强度的蒸汽养护关键参数的主次顺序与前述混凝土均相同：恒温温度＞恒温时间＞静养时间＞升温速率。

采用合适的蒸汽养护制度，混掺粉煤灰和硅灰管片混凝土的28d抗压强度可以满足大于60MPa的要求，影响28d抗压强度的蒸汽养护关键参数的主次顺序与前其他混凝土均相同：升温速率＞恒温温度＞恒温时间＞静养时间。

综合考虑脱模强度和28d抗压强度，混掺粉煤灰和硅灰混凝土的最佳蒸汽养护制度与其他掺入掺合料的混凝土相同：静养3h＋10℃/h升温速率＋恒温5h＋恒温60℃（一次蒸养时间周期不得大于12h）。

3.4.2　养护制度的影响

混凝土的强度发展与养护条件密切相关。养护方式主要有蒸养后同条件养护、标准养护、自然养护。蒸养的工艺一般为：成型后先静养3h，然后以15℃/h的升温速度升温至55℃，恒温3h后以15℃/h的降温速度降至室温。蒸养混凝土早期抗压强度（7d）明显高于自然养护和标准养护，但是其28d的抗压强度却要低于后两者，这说明蒸养会对高强混凝土后期强度发展产生不利的影响。

蒸养在能够加快水泥熟料水化速度的同时，还会提高矿物掺合料的二次水化反应速度，进而形成以低碱性水化硅酸钙为主体的水化硅酸钙、水化铝酸钙、水化铁铝酸钙，这些水化产物相互交叉延伸，逐渐交织成具有相当强度的空间网络结构；进而把集料与未水化的粒子紧紧粘在一起，形成具有局部较高密实程度的水泥石，从而使得混凝土具有较高的初期强度，但是这种快速的水化反应速度会导致水化物分布不均匀，结晶程度低，晶体颗粒粗大，会造成混凝土整体密实程度变差，不利于其后期强度的发展。标准养护混凝土28d抗压强度最高的原因在于，标准养护过程是在高湿度条件下进行的，因而外界环境中有充足的水分能够使混凝土的水化反应持续进行，使得其内部水化产物无论是结晶状态，还是分布均优于蒸养和自然养护，因此该种养护条件下有利于混凝土后期强度的发展。

3.4.3　水泥品种的影响

在合适的蒸养制度下使用不同品种水泥的脱模强度和28d强度均达到C50管片混凝土配制要求，其中采用P·Ⅱ水泥或提高水泥强度等级后混凝土脱模强度和28d强度均有较大提高。考虑水化热、耐久性能和经济性因素，P·O 42.5水泥在合适蒸养制度下已可满足脱模强度和28d强度的要求，故推荐使用P·O42.5水泥。

3.4.4　胶材用量的影响

管片混凝土脱模强度（10h）、水中养护7d抗压强度和28d抗压强度均随着胶材用量的增加而增加。其中胶材用量为430kg/m^{3}时，脱模强度及28d抗压强度刚好可满足C50管片混凝土配制要求；胶材用量达到440kg/m^{3}以上之后，脱模强度及28d强度可以满足C50管片混凝土配制要求，脱模强度可以达到20MPa以上，28d抗压强度也达到68MPa，存在一定的富余。考虑强度应留有一定的富余，但强度过高有开裂风险，且过高的胶材用量不经济，因此胶材用量推荐选用440kg/m^3。

3.4.5　水胶比的影响

水胶比为0.34时脱模强度为14.6MPa，达不到管片配制要求；水胶比为0.32时脱模强度为16.5MPa，水中养护7d强度、蒸养28d强度及标养28d强度分别为 42.1MPa、61.7MPa 和 65.7MPa，可满足配制要求。随水胶比减小，强度有增大的趋势，而过小水胶比会影响混凝土的工作性能，增大混凝土的收缩。因此，推荐管片混凝土的水胶比为 0.32。

3.4.6 小结

（1）蒸养参数对混凝土脱模强度影响因素的顺序为：恒温温度＞恒温时间＞静养时间＞升温速率；28d 强度影响因素的顺序为：升温速率＞恒温温度＞恒温时间＞静养时间。

（2）蒸汽养护能明显提高混凝土早期强度，尤其是脱模强度，但会对其后期强度有不利影响。

（3）推荐 C50 管片混凝土水泥品种可采用 P·O 42.5 水泥，水胶比宜为 0.30~0.32，胶材用量为 440~460kg/m³。推荐 C50 管片混凝土水胶比为 0.32，胶材用量为 440kg/m³。

3.5 管片混凝土耐久性及长期性能研究

轨道交通工程盾构管片混凝土结构使用环境一般较为恶劣，对管片混凝土的耐久性提出了很高的要求。影响轨道交通工程管片混凝土耐久性的因素主要包括：裂缝、渗水、氯盐侵蚀、抗碳化和碱-集料反应等。

3.5.1 开裂敏感性

与标准养护条件相比，经过蒸汽养护后，空白混凝土、单掺粉煤灰、单掺矿粉和复掺粉煤灰及矿粉混凝土的开裂时间均会提前；与空白混凝土相比，掺入掺合料后开裂时间明显延长，蒸养条件下单掺粉煤灰、单掺矿粉和复掺粉煤灰及矿粉混凝土的开裂时间均会延长，总体上单掺粉煤灰有更长的开裂时间。蒸汽养护增加了管片混凝土的开裂敏感性，而掺入适量的矿物掺合料可以改善蒸养混凝土的抗裂性能。这是因为混凝土在蒸养期间，水泥水化速度加快，自收缩增大，温度收缩增大，由此产生的内部拉应力增大幅度超过抗拉强度，导致开裂时间提前。掺入矿物掺合料尤其是粉煤灰后，可以降低混凝土的自收缩和温度收缩，从而降低蒸养混凝土内部拉应力，延长开裂时间。

3.5.2 抗渗性

与标准养护条件相比，经过蒸汽养护后，空白混凝土和掺入掺合料混凝土

28d、56d 和 84d 氯离子扩散系数均有不同程度的增大；与纯水泥混凝土相比，加入掺合料后 28d、56d 和 84d 氯离子扩散系数均有明显降低。

掺合料的加入对电通量的影响与氯离子扩散系数类似，与标准养护条件相比，经过蒸汽养护后，空白混凝土和掺入掺合料混凝土 28d、56d 和 84d 电通量均有不同程度的增大；与纯水泥混凝土相比，加入掺合料后 28d、56d 和 84d 电通量均有明显降低。掺入矿粉对电通量的降低更为明显。

矿物掺合料的掺入提高了管片蒸养混凝土的抗渗性能。这是因为，管片混凝土经蒸养后，孔隙率增加，有害孔及多害孔的数量增多，其内部结构的密实程度低于标准养护混凝土。掺入矿物掺合料后，其二次水化作用改善了管片蒸养混凝土的内部孔结构，从而使得其抗氯离子渗透性能提高；矿物掺合料的混掺发挥出叠加效应，使得混凝土密实性进一步提高，抗渗能力增强。

3.5.3 干缩性能

掺入矿物掺合料的管片混凝土收缩率均有不同程度的下降。但是对蒸养和标养的收缩率变化规律影响并不一样。

不同养护条件下，管片混凝土的干缩均随着龄期的延长而逐渐增大。对于同一龄期的空白混凝土和单掺粉煤灰混凝土，蒸汽养护后干缩值均降低，单掺粉煤灰混凝土效果更为明显，说明蒸汽养护提高了管片混凝土后期的体积稳定性。这是因为，收缩实际包括了混凝土的干燥收缩和自收缩，当采用蒸养时，混凝土在蒸养期间水泥水化速度快，在这一时期内产生的混凝土自收缩占混凝土总的自收缩量较大的比例；而对于高强混凝土而言，自收缩占总收缩量的较大比例。因此，高强混凝土蒸养后收缩量偏小。

3.5.4 抗碳化性能

C50 管片混凝土要求 28d 碳化深度低于 5.0mm，相对于空白混凝土，掺入矿物掺合料后混凝土的 28d 蒸养和标养条件下碳化深度均有明显降低；与标准养护条件相比，经过蒸汽养护后，空白混凝土和单掺粉煤灰、单掺矿粉、复掺粉煤灰和矿粉混凝土 28d 碳化深度均会提高。蒸养降低了管片混凝土的抗碳化能力，掺入矿物掺合料后管片蒸养混凝土抗碳化能力提高。掺入矿物掺合料后试验结果均符合 C50 预制管片混凝土配制要求。这是因为，管片混凝土经蒸养后，其内部结构的密实程度低于标准养护混凝土，导致抗碳化性能下降；而掺入矿物掺合料后，二次水化作用改善了蒸汽管片混凝土的孔结构，混凝土密实度有了一定程度的提高。

3.5.5 小结

（1）蒸养降低管片混凝土的干缩，提高其后期体积稳定性，但会增加其开裂敏感性。

（2）蒸汽养护降低了混凝土的抗氯离子渗透性能和抗碳化性能。

（3）矿物掺合料的掺入能改善管片蒸养混凝土后期强度的发展，降低其开裂敏感性，改善其抗氯离子渗透性能和抗碳化性能。

（4）粉煤灰和矿粉混掺的配合比具有更加优良的长期性能和耐久性能。

3.6 结论及建议

3.6.1 结论

（1）管片混凝土配合比设计应以耐久性为核心，抗裂性和抗渗性并重，同时兼顾混凝土工作性能，确保各项性能均衡发展。

（2）管片混凝土配制时应选择适中的水胶比，采用普通硅酸盐水泥或硅酸盐水泥，适量掺合料（粉煤灰、矿粉）和高效减水剂的配制技术路线，尽量降低胶材用量及浆体率，提高混凝土体积稳定性。

（3）管片混凝土通过蒸养提高早期强度以达到模具快速周转的目的，通过试验推荐的蒸养参数为：静养3h + 升温速率15℃/h + 恒温4h + 恒温温度55℃。

（4）蒸汽养护能降低管片混凝土的干缩，提高其后期体积稳定性，但会增加其开裂敏感性，降低混凝土的抗氯离子渗透性能和抗碳化性能。

（5）矿物掺合料的掺入能改善管片蒸养混凝土后期强度的发展，降低其开裂敏感性，改善其抗氯离子渗透性能和抗碳化性能。

（6）通过对管片混凝土的试验研究和现场复拌试验，推荐管片混凝土胶材用量为 $420 \sim 440 \text{kg/m}^3$，水胶比为 $0.31 \sim 0.33$，砂率 $36\% \sim 40\%$，各管片生产厂可参考表3-5中的配合比开展试配试验。

表3-5 推荐配合比

胶材用量	配合比设计参数	水胶比	砂率%	原材料用量（kg/m³）						
				水泥	粉煤灰	矿粉	砂	碎石	水	外加剂
440	79C7F14K	0.32	39	348	31	61	698	1116	141	5.28

3.6.2 建议

(1) 蒸养周期。管片生产中蒸养周期长短决定了模具的使用频率和生产效率，但蒸养虽提高了混凝土的早期强度，对混凝土后期性能却有所影响，模具周转应控制在1d两次以内，不建议蒸养周期过短。

(2) 原材料的控制。外加剂具有缓凝、保坍和引气的作用，对混凝土的工作性能和耐久性影响较大，针对目前外加剂种类繁多的现状，建议采用国内外知名品牌、有大型工程业绩的产品，重点控制减水率、固含量和匀质性等指标。粉煤灰作为主要的掺合料，品质对混凝土性能非常重要，但优质粉煤灰供不应求，建议及早与厂商签订保供合同。同时，对外加剂和粉煤灰应加强抽检力度，确保其品质。

4 轨道交通工程现场质量控制措施

4.1 概述

轨道交通地下工程结构复杂，结构形式多样，地下工程较多的结构如底板、顶板和侧墙多属于大体积结构。这些大体积混凝土结构一方面存在地基的沉降等因素的影响，另一方面由于大体积混凝土内部水化热温升较高，外部散热措施有限，温差或干缩引起的收缩变形较大，这种变形由于约束而得不到恢复时，将会产生拉应力，混凝土自身产生的拉应力加上地基沉降等外荷载一旦超过混凝土的抗拉强度，就会导致混凝土出现裂缝，严重影响了混凝土的抗渗能力，导致混凝土渗水，继而影响结构的正常使用，甚至会影响结构物的使用寿命和承载能力。

地下现浇大体积混凝土结构的侧墙和顶板出现裂缝的可能性较大，浇筑侧墙时受到底板的约束较大且结构超长，而顶板一般较厚浇筑时又受到侧墙的约束易出现裂缝。应针对工程先行施工节点的底板、顶板和侧墙，在大体积混凝土温度应力场仿真计算的基础上制定温控标准，在现场开展监测，了解大体积混凝土内部的温度场分布情况，并对以上结构是否存在裂缝以及裂缝的基本情况进行长期观测；根据监测结果对裂缝控制情况进行总结，指导后续施工。

4.2 监测工程部位

选取先行节点下部侧墙、中板、上部侧墙、顶板及底板为监测对象，通过埋设温度传感器，采用大体积温控监测仪器自动采集混凝土内部各点温度数据，了解混凝土内部温度场的分布。

4.3 温控原则

混凝土温度控制的原则是：

(1) 控制混凝土浇筑温度;

(2) 尽量降低混凝土的温升、延缓最高温度出现时间;

(3) 控制温峰过后混凝土的降温速率;

(4) 降低混凝土中心和表面之间、新旧混凝土之间的温差以及控制混凝土表面和气温之间的差值。

4.4 温控标准

温度控制的方法和制度需根据气温、混凝土配合比、结构尺寸、约束情况等具体条件确定。可制定如下温控标准:

(1) 各构件混凝土浇筑温度≤20℃;

(2) 底板内部最高温度≤56.5℃,下侧墙内部最高温度≤47.5℃,上侧墙内部最高温度≤45.6℃,中板内部最高温度≤36.2℃,顶板最高温度≤55.2℃;

(3) 混凝土最大内表温差≤20℃;

(4) 养护过程中,混凝土表面养护水温度与混凝土表面温度之差≤15℃;

(5) 温峰过后混凝土缓慢降温,通过保温控制混凝土最大降温速率≤3.0℃/d;

(6) 拆模时混凝土表面与气温之差应<15℃。

4.5 现场温度控制措施

在混凝土施工中,将从混凝土的原料材选择、配合比设计以及混凝土的拌和、运输、浇筑、振捣到养护、保温等全过程进行控制,具体措施如下:

4.5.1 配合比控制

为使大体积混凝土具有良好的抗侵蚀性、体积稳定性和抗裂性能,混凝土配制应遵循如下原则:

(1) 采用低水化热的胶凝材料体系

采用普通硅酸盐水泥或硅酸盐水泥、大掺量掺合料(粉煤灰、矿粉)和高效减水剂的配制技术路线,尽量降低胶材用量及浆体率,提高混凝土体积稳定性。

(2) 选用优质聚羧酸类缓凝高性能减水剂

缓凝高性能聚羧酸减水剂,兼顾减水、引气和缓凝效果,可以延缓水化热的峰值期并改善混凝土的和易性。

（3）选用级配良好、低热膨胀系数、低吸水率的粗集料

优质集料体积稳定性好、用水量小，可减小混凝土的收缩变形；同时注重对集料含泥量的控制。粗集料含泥量不得超过0.5%，细集料含泥量不得超过2%。

（4）使用低流动性混凝土

在满足施工的前提下，尽可能使用坍落度相对较低的混凝土，有利于减少混凝土用水量，降低温升，减少干缩，提高抗开裂性能。

配合比设计优化的目标是：采用优质的原材料，在满足强度要求和工作性能的前提下，配制出抗渗性能好、体积收缩小、绝热温升尽可能低的优质混凝土。在满足施工的前提下，尽可能使用坍落度相对较低的混凝土，有利于减少混凝土用水量，降低温升，减少干缩，提高抗开裂性能。

4.5.2 浇筑温度控制

控制混凝土的浇筑温度对控制混凝土裂缝非常重要。相同混凝土，入模温度高的温升值要比入模温度低的大得多。

浇筑温度主要受原材料温度、气温等影响。在混凝土浇筑之前，可通过测量水泥、粉煤灰、砂、石、水的温度，估算浇筑温度。另外，选择合适的时间进行混凝土浇筑比较重要。各构件于3~4月施工，气温在12~20℃，较易将混凝土浇筑温度控制在≤20℃，不需采取特殊措施。

4.5.3 内表温差控制

对于大体积混凝土，由于水化放热会使温度持续升高，如果气温不是过低，在升温的一段时间内应加强散热。当混凝土处于降温阶段则要保温覆盖以降低降温速率。

混凝土内表温差过大，在温度梯度产生的自约束应力作用下，混凝土表面可能出现裂缝，在后期降温过程中就可能发展成深层裂缝。冬期施工，环境温度很低，在控制内部最高温度的同时，必须采取表面保温措施，控制内表温差。混凝土施工时，环境温度很低，为防止气温较低或突遇寒潮气温骤降，混凝土侧面与顶面应进行保温处理。

混凝土保温充分、时间足够长，让混凝土慢慢冷却，拉应力会在混凝土内松弛，直到温差达到允许范围，可有效控制裂缝的产生。

4.5.4 养护

混凝土养护包括湿度和温度两个方面。结构表层混凝土的抗裂性和耐久性在很大程度上取决于施工养护过程中的温度和湿度养护。因为水泥只有水化到一定程度才能形成有利于混凝土强度和耐久性的微结构。目前工程界普遍存在的问题是湿养护不足，对混凝土质量影响很大。湿养护时间应视混凝土材料的不同组成和具体环境条件而定。对于低水胶比又掺加粉煤灰的混凝土，湿养护尤其重要。湿养护的同时，还要控制混凝土的温度变化。根据季节不同采取保温和散热的综合措施，保证混凝土内表温差及气温与混凝土表面的温差在控制范围内。其具体措施如下：

（1）浇筑完毕后，靠近表面的水分由于蒸发急剧散失，不但影响混凝土表面强度的发展，还会引起干缩裂缝。因此，混凝土浇筑完毕 12~18h 即应开始养护。普通混凝土养护时间不少于 14d，掺粉煤灰混凝土养护时间不少于 21d。

（2）平面表面养护采用覆盖湿麻袋或湿土工布养护并经常洒水使混凝土表面维持湿润状态，避免表面干湿交替。

针对轨道交通工程的不同结构部位，建议养护措施如下：

（1）底板和顶板

底板和顶板面积大、体积大、浇筑方量大。据资料研究表明，车站底板和顶板混凝土裂缝主要是温度裂缝和收缩裂缝。轨道交通工程用混凝土的水泥用量较高，结构条件具有大体积混凝土特征，混凝土内部温度高；混凝土配合比的水灰比较低，有较大的自身体积收缩变形。在结构方面又是强约束的条件下，产生较大的温度应力和收缩应力。当拆模时间过早，混凝土强度不高，而被拉裂。在混凝土的后龄期，水化热引起的温差不存在，自身变形也趋于稳定。因此，这种原因的裂缝经处理后可恢复结构整体性；另一种是热胀冷缩性能引起的裂缝，在超长和强约束的结构条件下，没有伸缩缝，则长期随温度变化而伸缩开裂。

预防裂缝措施除加抗裂钢筋网片和延长混凝土拆模时间外，要加强养护，养护措施一般在顶板采取覆盖养护，底板采取蓄水养护，保证水化用水充足，减少收缩。同时，也可以使一些小裂缝愈合。

（2）侧墙和中板

侧墙和中板等此类薄壁型混凝土裂缝产生机理的不同，主要可分为两类：表面收缩裂纹及混凝土应力裂缝。实际施工时应采取适当延长拆模时间，松模后浇水保湿养护（喷水养护），拆模后喷养护液养护等综合措施加强对混凝土的保温和保湿，可有效避免因降温过快和干燥收缩导致的裂缝。

4.6 现场监控

为检验施工质量和温控效果，掌握温控信息，以便及时调整和改进温控措施，做到信息化施工，需对混凝土进行温度监测。检验不同时期的温度特性和温控标准。当温控措施效果不佳，达不到温控标准时，可及时采取补救措施；当混凝土温度远低于温控标准限值时，则可减少温控措施，避免浪费。温控实施流程见图 4-1。

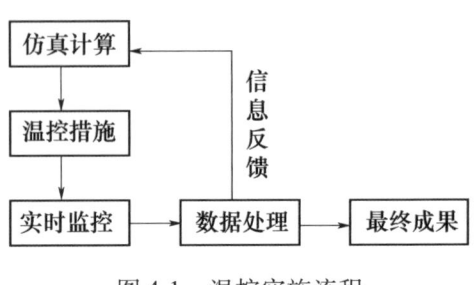

图 4-1 温控实施流程

4.6.1 监测实施方案

混凝土内部温度监测工作流程如图 4-2 所示。

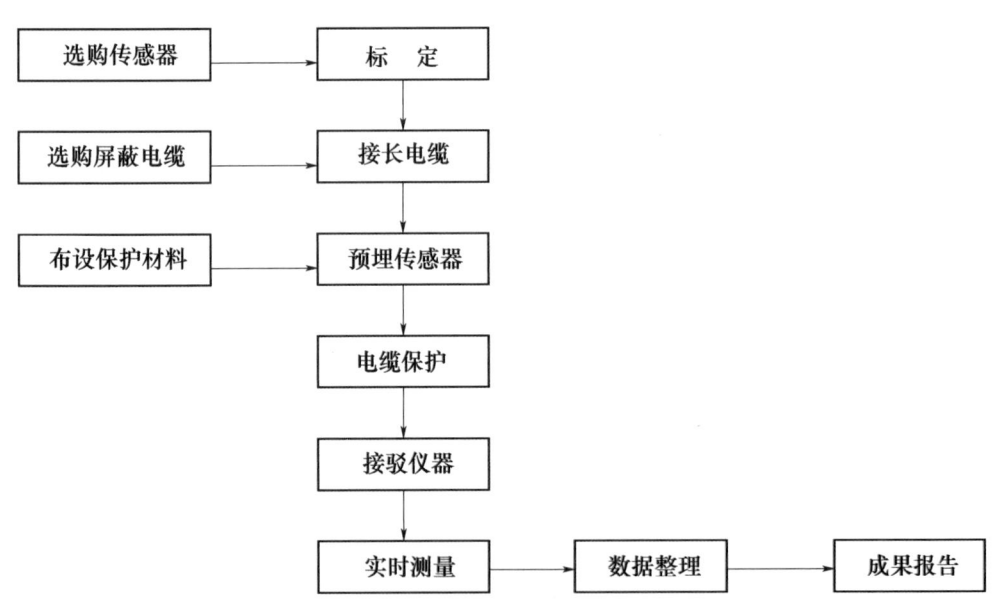

图 4-2 温度监测工作流程

在混凝土浇筑前完成传感器的选购及铺设工作，并将屏蔽信号线连接到仪器上，传感器测头采用角钢保护；各项测试工作在混凝土浇筑后立即进行，连续不断。混凝土的温度测试，每 2h 监测一次。

4.6.2 测点布置及元器件的埋设

先行节点下部侧墙、中板、上部侧墙、顶板及底板分别布设一层测点,每层测点布置7~10个。以上每个结构部位均外加一个气温测点,温度测点布设包括表面温度测点(在混凝土中心部位短边长边中心线表面以下5cm布置)、内部测温点(布置在混凝土中心处)。

4.6.3 仪器设备与监测频率

温度传感器可采用PN结温度传感器,采用大体积混凝土测温仪采集数据,如图4-3所示。其主要技术性能参数如下:

(1) 测温范围: -50~+150℃;
(2) 工作误差: ±1℃;
(3) 分辨率: 0.1℃。

监测频率为混凝土浇筑前测量混凝土的浇筑温度,覆盖测点层时开始记录温度,每隔2h监测一次,考虑该类结构升降温较快,监测时间一般为7~10d。温度监测主要内容包括温度场测量、环境体系温度测量。

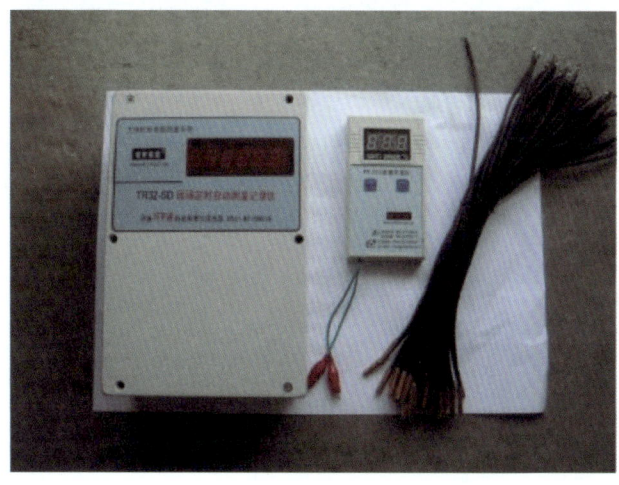

图4-3 大体积混凝土测温仪

4.7 建议

(1) 底板和顶板厚度较厚、浇筑方量大,混凝土内部温度高,具有大体积混凝土特征,易出现温度裂缝;中板较薄,水化温升低,开裂风险相对较低。

侧墙厚度介于两者之间，侧墙温度较低，但其受约束较大，同时不易养护，易出现沉降裂缝和收缩裂缝。

（2）针对侧墙裂缝产生机理，实际施工时应采取适当延长脱模时间，松模后浇水保湿养护（喷水养护），有条件的可以喷涂养护液养护等综合措施加强对混凝土的保温和保湿，有效避免因降温过快和干燥收缩导致的裂缝。底板和顶板防裂措施除延长混凝土拆模时间外，应加强养护，顶板可采取覆盖养护，底板可采取蓄水养护。

（3）严格控制混凝土的入模温度，现场监测工作主要是在3、4月开展，入模温度较易控制在20℃以下，夏季施工时环境温度较高，控制入模温度难度较大，应对砂石设置遮阳篷、严格控制水泥出厂温度，避免正午时浇筑，必要时可采取用冰水拌和等措施。

（4）混凝土养护时，由于结构厚度较薄，内部无法布置冷却水管降温，应尽量延缓拆模时间，减少混凝土表面温度散失，使内表温差始终控制在合理范围以内。对侧墙的养护可采用提高养护环境的相对湿度，养护期间应减小混凝土的内外温差，在墙顶部安装带有细孔的塑料水管，进行24h均匀喷雾浇水，不间断保湿养护。

（5）浇筑落差达2m时，需使用溜槽或采取开设浇筑孔等措施，以防止混凝土离析；同时严格控制振捣时间及振动棒插入深度，不得漏振和过振，以免产生分层离析现象，确保混凝土均匀密实，提高防裂抗渗能力。

5 宁波地区轨道交通工程机制砂及机制砂混凝土技术指南

5.1 总则

（1）为适应当前河砂资源紧缺的情况，满足机制砂混凝土的应用需求，促进和规范轨道交通工程机制砂及机制砂混凝土的生产与应用，加强机制砂混凝土的施工过程质量控制，保证机制砂混凝土结构工程的质量，特编制《宁波地区城市轨道交通工程机制砂混凝土技术指南》（以下简称《指南》）。

（2）本《指南》旨在为宁波地区城市轨道交通工程机制砂混凝土的原材料质量控制、配合比设计、混凝土生产、施工质量控制和质量检验提供基本的原则与依据，为提高机制砂混凝土的施工水平和机制砂混凝土结构工程的质量提供技术保障。

（3）本《指南》适用于宁波地区城市轨道交通工程各结构部位各等级机制砂混凝土所施工的现浇构件和预制构件的生产、施工控制和质量检验各环节。

（4）宁波地区城市轨道交通工程机制砂及机制砂混凝土的生产与施工除应符合本《指南》外，凡本《指南》未作规定的尚应符合国家及行业现行的有关强制性标准的规定。凡本《指南》未提及的内容应遵守有关现行标准的规定。

5.1.1 相关术语

（1）石粉：机制砂中粒径小于 $75\mu m$ 的颗粒。

（2）石粉含量：机制砂中粒径小于 $75\mu m$ 的颗粒与机制砂总质量的百分比。

（3）泥块含量：机制砂中原粒径大于 1.18mm，经水浸洗、手捏后变成小于 $600\mu m$ 的颗粒的含量。

（4）亚甲蓝值（MB 值）：用于判定机制砂中粒径小于 $75\mu m$ 颗粒的吸附性能指标。

（5）细度模数：衡量砂粗细程度的指标。

（6）压碎指标：用于检验机制砂在自然风化和其他外界物理化学因素作用

下，抵抗破裂的能力及控制其颗粒形状的技术指标。

（7）碱-集料反应：水泥、外加剂等混凝土组成物及环境中的碱与集料中碱活性矿物在潮湿环境下缓慢发生并导致混凝土开裂破坏的膨胀反应，包括碱硅酸盐反应和碱碳酸盐反应。

（8）胶凝材料：用于配制混凝土的硅酸盐水泥与粉煤灰、磨细矿渣、沸石粉和硅灰等火山灰质或潜在水硬性矿物掺合料的总称。矿物掺合料在混凝土配制中的用量，通常以其占胶凝材料总量的百分比（质量比）表示。

（9）水胶比：混凝土的用水量与胶凝材料用量的质量比。当使用液体外加剂（如减水剂）时，混凝土实际用水量的计算还应考虑外加剂的含水量。在高性能混凝土的配合比中，常以胶凝材料用量的概念取代传统的水泥用量，以水胶比取代水灰比，作为判断混凝土密实性或耐久性的一个宏观指标。

（10）水粉比：机制砂混凝土中水与胶凝材料和石粉质量之和的比值。

（11）氯离子扩散系数：表示氯离子在混凝土中扩散性能的一个参数。氯离子在混凝土中的扩散是溶于混凝土孔隙水中的氯离子从高浓度向低浓度区的传输。

5.1.2 相关符号

（1）P·Ⅱ——混合材不大于5%的硅酸盐水泥。

（2）P·O——掺混合材6%~15%的普通硅酸盐水泥。

（3）C_3A——铝酸三钙，水泥熟料中矿物相的一种，水化后生成水化铝酸三钙。

（4）C_2S——硅酸二钙，水泥熟料中矿物相的一种，水化后生成水化硅酸二钙。

（5）M_x——机制砂的细度模数。

（6）$f_{cu,0}$——机制砂混凝土配制强度（MPa）。

（7）$f_{cu,k}$——机制砂混凝土立方体抗压强度标准值（MPa）。

（8）$f_{cu,i}$——第i组的试件强度（MPa）。

（9）$m_{f_{cu}}$——n组试件的强度平均值（MPa）。

（10）$D_{cu,0}$——混凝土氯离子扩散系数配制值。

（11）$D_{cu,k}$——氯离子扩散系数设计值。

（12）$D_{nnsm,i}$——第i组混凝土氯离子扩散系数（$\times 10^{-12} m^2/s$）。

（13）D_n——n组混凝土氯离子扩散系数的平均值（$\times 10^{-12} m^2/s$）。

5.1.3 设计原则

（1）为实现轨道交通工程主体结构 100 年的使用寿命，应对机制砂混凝土原材料优选、机制砂混凝土配合比设计、机制砂混凝土配制与生产、施工质量控制、检验与验收等各环节制定详细的技术标准，并在施工中严格控制。

（2）原材料优选应本着广泛选材、合理匹配、控制关键技术指标的原则，结合轨道交通工程的耐久性和施工工艺要求，使机制砂混凝土综合性能优良。

（3）机制砂混凝土应具有良好的施工性、抗裂性和耐久性，其配合比设计遵循"抗渗性、抗裂性、工作性并重，混凝土各项性能均衡发展"的原则。

（4）机制砂混凝土质量控制是一项系统工程，贯穿于机制砂混凝土施工的全过程，应根据本《指南》的技术要求制定各工序的作业指导书，形成标准化作业流程。

5.2 机制砂的生产与检验

5.2.1 机制砂的生产质量控制

（1）生产机制砂的岩石矿山应选用洁净、质地坚硬、无风化的岩石矿山，应避免选择土层较厚、含泥较多、母岩强度低、风化严重及岩石分层严重的矿山。

（2）用于生产机制砂的岩石应不具有潜在碱-集料反应活性，应具有较高岩石抗压强度（宜大于 80MPa）的未风化的洁净坚硬岩石，如石灰岩、花岗岩、石英岩、玄武岩或凝灰，不宜使用泥岩、页岩、板岩等岩石。

（3）生产机制砂的岩石在进行爆破前，应先清除距爆破点 10m 范围内山体表面的山皮、树根、杂草、泥土和软弱的风化层。爆破后开采时也应做好山体防护措施，防止树皮、杂草、泥土和风化层等混入开采的岩石中。

（4）机制砂的粗碎和中碎一般采用颚式破碎机、圆锥式破碎机和反击式破碎机，机制砂的细碎宜采用冲击式破碎机，不宜采用锤式破碎机进行破碎。生产的机制砂宜采用整形机进行整形。

（5）生产机制砂的设备除了相应的破碎机之外，还应安装配套的筛分机和选择合适的筛网尺寸对机制砂的细度模数进行控制。

（6）机制砂中的石粉和泥粉含量应根据工艺特点选择干法或湿法除粉工艺进行控制，选用湿法除粉时宜选用斗轮式洗砂机。

（7）生产的机制砂设备应进行定期的检查和维护，及时更换破碎机内衬板，尤其应对振动筛的破损尺寸进行严格的监控，当筛网尺寸经磨损不合要求时应及时更换。

（8）生产的机制砂的各级设备均应安装相应的收尘设备，湿法生产时应设置沉淀池或污水处理系统，不得乱排乱放，保证生产企业周边的环境质量。

（9）生产好的机制砂应及时进行抽样检测，根据检测的结果对机制砂的质量进行分级，根据不同的级别选择不同的堆场进行堆放，并做好记录，不得将不同级别的机制砂混合堆放。

（10）机制砂应堆放在宽敞清洁并经过硬化处理的堆场内，并采取必要的措施防止机制砂不受泥土、粉尘等杂质的污染；机制砂不得堆放在易受海水、污水或有害物质污染的场地上。机制砂应按特定的规格和级别分别堆放，为防止颗粒离析和级配不均，干砂堆料高度不宜超过5m。

5.2.2 机制砂的检验及组批规则

1. 检验分类

机制砂的检验分为出厂检验和型式检验。

2. 出厂检验

机制砂每批产品出厂时应含有出厂检验报告，进行出厂检验时应按同一规格、同一级别进行检验。机制砂的出厂检验项目为颗粒级配、细度模数、石粉含量（含亚甲蓝试验）、泥块含量、压碎指标、松散堆积密度。

3. 型式检验

机制砂应进行型式检验，同时向有关管理部门备案。机制砂的型式检验项目为颗粒级配、细度模数、泥块含量、石粉含量（含亚甲蓝试验）、有害物质、母岩抗压强度、压碎指标、坚固性、表观密度、松散堆积密度、空隙率、碱-集料反应。含水率和饱和面干吸水率根据需要进行检测。有下列情况之一时，应进行型式检验：

（1）新产品投产或老产品转产时；

（2）原材料产源或生产工艺发生变化时；

（3）正常生产时每年应进行一次；

（4）长期停产后恢复生产时；

（5）出厂检验结果和型式检验结果有较大差异时；

（6）国家质量监督机构要求检测时。

4. 组批规则

按同分类、规格、类别、适用等级及日产量每600t为一批，不足600t也视为一批；日产量超过2000t，按1000t为一批，不足1000t也视为一批。

5. 判定规则

（1）检验（含复检）后各项性能指标均符合本《指南》的相应规定要求时，可判定该批次产品合格。

（2）检验中技术指标若有一项不符合本《指南》相应规定时，则应从同一批产品中加倍取样，对该项进行复检。复检后，若试验结果符合本《指南》的技术规定，可判定该批产品为合格；若复检后仍不符合本《指南》的技术规定时，则判定该批次产品为不合格。若有两项及以上试验结果不符合本《指南》的相关技术规定时，则判定该批次产品不合格。

5.3 机制砂的技术标准

5.3.1 分类与规格

1. 分类

机制砂按技术要求分为Ⅰ类、Ⅱ类和Ⅲ类。

2. 规格

机制砂按细度模数分为粗砂、中砂和细砂三种规格，其细度模数分别为：粗砂，3.7~3.1；中砂，3.0~2.3；细砂，2.2~1.6。

5.3.2 技术要求

1. 颗粒级配

机制砂的颗粒级配应满足表5-1中的规定，机制砂的级配类别应符合表5-2中的规定。

表5-1 机制砂的颗粒级配区

级配区	1区	2区	3区
方孔筛筛孔尺寸	累计筛余（%）		
4.75mm	10~0	10~0	10~0
2.36mm	35~5	25~0	15~0
1.18mm	65~35	50~10	25~0

续表

级配区	1区	2区	3区
600μm	85~71	70~41	40~16
300μm	95~80	92~70	85~55
150μm	97~85	94~80	94~75

表5-2 机制砂的级配类别

类别	Ⅰ类	Ⅱ类	Ⅲ类
级配区	2区	1、2、3区	

2. 细度模数

机制砂的细度模数应按式（5-1）进行计算，精确至0.01。

$$M_x = \frac{(A_2 + A_3 + A_4 + A_5 + A_6) - 5A_1}{100 - A_1} \tag{5-1}$$

式中 M_x——机制砂的细度模数；

A_1、A_2、A_3、A_4、A_5、A_6——分别为4.75mm、2.36mm、1.18mm、600μm、300μm、150μm筛的累积筛余百分率。

3. 石粉含量和泥块含量

机制砂中泥块含量应符合表5-3中的规定。机制砂中石粉含量应先经甲蓝试验进行MB值鉴定判定后，根据机制砂的MB值，石粉含量应满足表5-3中的规定。

表5-3 机制砂中泥块含量和石粉含量限值

项目		技术指标要求		
		Ⅰ级	Ⅱ级	Ⅲ级
泥块含量（按质量计,%）		≤0.5	≤1.0	≤2.0
石粉含量（按质量计,%）	MB<1.40或合格	≤10.0		
	MB≥1.40或不合格	≤1.0	≤3.0	≤5.0

4. 有害物质

机制砂中不应混有草根、树叶、树枝、塑料、煤块、炉渣、沥青等杂物。机制砂中如含有云母、轻物质、有机物、氯化物、硫化物及硫酸盐等有害物质，应符合表5-4的规定。

表 5-4 机制砂中的有害物质限值

项目	技术指标要求		
	Ⅰ级	Ⅱ级	Ⅲ级
云母含量（按质量计,%）	≤1.0	≤2.0	
轻物质含量（按质量计,%）	≤1.0		
有机物	合格		
硫化物及硫酸盐含量（按SO_3质量计,%）	≤0.5		
氯化物（按氯离子质量计,%）	≤0.01	≤0.02	≤0.06

5. 岩石抗压强度

机制砂的母岩强度首先不应低于80MPa。对配制C50及以上混凝土的机制砂，其母岩抗压强度与混凝土强度等级之比不应小于1.5。

6. 压碎指标

机制砂的压碎指标应符合表5-5中的规定。

表 5-5 机制砂压碎指标

项目	技术指标要求		
	Ⅰ级	Ⅱ级	Ⅲ级
单级最大压碎指标（%）	≤20	≤25	≤30

7. 坚固性

机制砂的坚固性采用硫酸法进行试验，砂的质量损失应符合表5-6的规定。

表 5-6 机制砂的坚固性指标

项目	技术指标要求		
	Ⅰ级	Ⅱ级	Ⅲ级
质量损失（%）	≤8		≤10

8. 表观密度、松散堆积密度、空隙率

机制砂的表观密度、堆积密度、空隙率应符合如下规定：表观密度大于2500kg/m³、松散堆积密度大于1400kg/m³、空隙率小于44%。

9. 碱-集料反应

机制砂应进行碱-集料反应试验，应不具有碱活性，具有潜在碱活性的机制砂不得使用。

10. 含水率和饱和面干吸水率

当用户有要求时，应对机制砂的含水率和饱和面干吸水率进行测试，并报告其实测值。

5.4 机制砂的检验方法

5.4.1 样品制备

本研究机制砂的取样、试验制备、试样数量、试样处理应按《建设用砂》（GB/T 14684—2011）的有关规定进行。

5.4.2 试验方法

本研究机制砂的颗粒级配、细度模数、泥块含量、石粉含量（含亚甲蓝试验）、有害物质、压碎指标、表观密度、堆积密度、空隙率等试验应按《建设用砂》（GB/T 14684—2011）的规定执行。机制砂的母岩抗压强度试验应按《建设用卵石、碎石》（GB/T 14685—2011）的规定执行。

机制砂应进行碱-集料反应试验，检测标准和方法按照《普通混凝土用砂、石质量及检验方法标准》（JGJ 52—2006）进行检验，当该方法评判不确定时，可参照附录 A 评定矿物掺合料抑制混凝土碱-集料反应的有效性。

5.5 机制砂混凝土的配制

5.5.1 一般规定

机制砂混凝土应具有良好的施工性、抗裂性和耐久性，其配合比设计遵循"抗渗性、抗裂性、工作性并重，混凝土各项性能均衡发展"的原则。

5.5.2 机制砂混凝土原材料技术要求

1. 水泥

（1）机制砂混凝土用水泥应采用强度等级为 42.5 的硅酸盐水泥或普通硅酸盐水泥（P·Ⅱ或 P·O），其技术指标应符合国家标准《通用硅酸盐水泥》（GB 175—2007）的相关技术要求。

（2）为改善混凝土的抗裂性和体积稳定性，轨道交通工程混凝土不得使用立窑水泥,不宜使用早强、水化热较高和高 C_3A 含量的水泥,C_3A 含量宜控制在 6%~10%。水泥的比表面积应在 300~400m^2/kg。宜采用 C_2S 含量相对较高的水泥。

(3) 为保证水泥质量稳定,水泥熟料应为原厂生产,不得选用粉磨站生产的水泥。

(4) 为防止碱-集料反应的发生,宜采用低碱水泥,水泥的碱含量(按 Na_2O 当量计)应低于 0.60%。

(5) 所用水泥的氯离子含量应低于 0.03%。

(6) 水泥质量应稳定,实际强度应与其强度等级相匹配。水泥强度标准差控制在 2.0MPa 以内。

(7) 为控制混凝土温度裂缝的产生,水泥出厂温度不得大于 60℃,避免使用刚出厂的新鲜水泥。

(8) 水泥进场清单应包括生产厂商名称、水泥种类、数量以及厂商的质量保证书(包括水化热值和碱含量),以证明该批水泥已经试验分析,且符合标准规范要求。

2. 矿物掺合料

(1) 本研究机制砂混凝土用矿物掺合料包括粉煤灰和粒化高炉矿渣粉。

(2) 矿物掺合料应由生产厂家专门进行产品检验并出具产品合格证书。

(3) 机制砂混凝土用粉煤灰应采用 F 类粉煤灰,不得采用 C 类粉煤灰;应选用 Ⅰ 级粉煤灰或 Ⅱ 级粉煤灰,其烧失量不宜大于 5.0%,需水量比应不大于 105%。配制 C50 及以上等级混凝土时,粉煤灰细度应不大于 15%,需水量比应不大于 100%,烧失量不宜大于 3%。此外,不允许采用其他情况的 Ⅱ 级粉煤灰和 Ⅲ 级粉煤灰。其技术指标应不低于《用于水泥和混凝土中的粉煤灰》(GB/T 1596—2017)中 Ⅱ 级粉煤灰的要求,具体技术指标要求见表 5-7。

表 5-7 粉煤灰技术指标要求

序号	项目	技术指标要求
1	细度(%)	≤20
2	需水量比(%)	≤105;≤100(管片)
3	烧失量(%)	≤5;≤3(管片和预应力)
4	含水量(%)	≤1.0
5	三氧化硫含量(%)	≤3.0
6	游离氧化钙含量(%)	≤1.0
7	安定性(%)	≤5.0

续表

序号	项目	技术指标要求
8	氯离子含量（%）	≤0.02
9	28d 活性指数（%）（管片）	≥85

注：仅机制砂管片混凝土对粉煤灰 28d 活性指数有上述要求，其他机制砂混凝土无要求。

（4）机制砂混凝土用矿渣粉的等级应不低于 S95 级，其技术指标应不低于《用于水泥、砂浆和混凝土中的粒化高炉矿渣粉》（GB/T 18046—2017）中 S95 级矿渣粉的要求，具体技术指标要求见表 5-8。

表 5-8 粒化高炉矿渣粉技术指标要求

序号	项目		技术指标要求
1	比表面积（m^2/kg）		400～450
2	活性指数（%）	7d	≥75
		28d	≥95
3	流动度比（%）		≥95
4	含水量（%）		≤1.0
5	三氧化硫含量（%）		≤4.0
6	氯离子含量（%）		≤0.02
7	烧失量（%）		≤3.0
8	氧化镁含量（%）		≤1.4

注：检验方法参照《用于水泥、砂浆和混凝土中的粒化高炉矿渣粉》（GB/T 18046—2017）进行。

（5）为控制机制砂混凝土温度裂缝的产生，机制砂混凝土中用矿物掺合料（粉煤灰或粒化高炉矿渣粉）出厂温度应不高于 50℃。

（6）使用两种或两种以上的掺合料复合而成的磨细矿物掺合料，其效果通常能明显优于单一矿物掺合料。复合掺合料应有合格的产品标准或经过有关部门鉴定的性能检测证明并附有组成成分和使用说明，不得添加对机制砂混凝土有害的成分。为避免增加机制砂混凝土的自收缩和温升，复合磨细矿物掺合料也不宜过细。

3. 机制砂

（1）机制砂技术要求应满足 2.4 节中的相关规定。机制砂混凝土用机制砂技术指标还应符合《建设用砂》（GB/T 14684—2011）中Ⅱ类及Ⅱ类以上机制砂的相关要求。

（2）生产机制砂所用的岩石应选用颗粒坚硬、强度高、无风化的岩石进行破碎制成。

(3) 机制砂的细度模数宜控制在 2.6~3.4。

(4) 机制砂级配的好坏不应简单地通过堆积密度或空隙率的大小来判断，机制砂中石粉含量过高会导致其堆积密度增大，空隙率减小。机制砂的级配还应根据机制砂的堆积密度和石粉含量来进行总体评价。

(5) 配制机制砂混凝土时，宜优先使用 2 级配区的机制砂。当采用 1 区机制砂时应适当提高砂率并保持足够的水泥用量，以满足混凝土的和易性。当采用 3 区机制砂时应适当降低砂率。泵送机制砂混凝土用砂宜选用中砂。

(6) 机制砂中的石粉可以提高机制砂混凝土的和易性，在机制砂的 MB≤1.4 时，经试验论证可行的前提下，配制普通中强度的机制砂混凝土可以适当放宽机制砂中的石粉含量至 15%，用作改善机制砂混凝土的工作性能。

(7) 为提高混凝土的匀质性、抗渗性，机制砂宜采用冲击破和整形机工艺生产的坚硬和粒形较好的机制砂，同时采用水洗或吸尘等方式以降低其泥块含量、石粉含量和 MB 值。

(8) 集料的吸水率、热膨胀系数直接影响混凝土的抗裂性能。生产机制砂所用的岩石不得使用吸水率高的砂岩和线胀系数大的石英岩。大体积机制砂混凝土宜选用线膨胀系数小的母岩所生产的机制砂。

(9) 来源不同、粒级不同的机制砂不得混合或储存在同一料堆，不得混合使用。

4. 粗集料

(1) 机制砂混凝土用粗集料的技术指标应符合《建设用卵石、碎石》（GB/T 14685—2011）的一般技术要求。

(2) 粗集料应选用质地坚硬、粒形和级配良好、吸水率低和空隙率小的碎石，宜采用二级配，合成后颗粒级配应满足 5~20mm 或 5~31.5mm，其技术指标应符合表 5-9 中的规定。

表 5-9 粗集料的主要技术要求

序号	项目	技术指标要求	
		<C50	≥C50
1	筛分	符合 GB/T 14685—2011	
2	含泥量（%）	≤0.5	
3	泥块含量（%）	0	
4	针、片状颗粒（%）	≤10	≤5
5	压碎值指标（%）	≤10	≤7

续表

序号	项目	技术指标要求	
		<C50	≥C50
6	坚固性（%）	≤8	≤5
7	硫化物及硫酸盐含量（%）	≤0.5	
8	有机物含量（%）	符合 GB/T 14685—2011	
9	碱活性	无潜在碱-集料反应活性	
10	氯离子含量（%）	≤0.02	
11	吸水率（%）	≤1.5	
12	表观密度（kg/m³）	≥2600	
13	堆积密度（kg/m³）	≥1450	
14	空隙率（%）	≤45	
15	岩石抗压强度（MPa）	≥80	

（3）机制砂混凝土中不得采用具有碱-集料反应（AAR）的活性集料。机制砂混凝土中用粗集料选择料场时必须对集料的潜在碱活性进行检测，检验方法应按《普通混凝土用砂、石质量及检验方法标准》（JGJ 52—2006）进行。当该方法评判不确定时，可参照附录 A 评定矿物掺合料抑制混凝土碱-硅酸反应的有效性。

（4）粗集料坚固性（硫酸钠溶液法）5 次循环后的质量损失应小于 8%；水溶性氯化物折合氯离子含量应不超过集料质量的 0.02%。

（5）来源不同、粒级不同的粗集料不得混合或储存在同一料堆，不得混合使用。

（6）进行粗集料供应源选择时，应进行母岩岩石抗压强度检验，岩石抗压强度应大于 80MPa。当粗集料含有山皮水锈等风化颗粒时，需要检测其含量，粗集料山皮水锈颗粒不得大于 15%（以质量计）。

（7）为提高混凝土的匀质性、抗渗性，混凝土粗集料应采用反击破或圆锥破＋整形机工艺生产的坚硬碎石，同时采用水洗或风吹以降低其含泥量和泥块含量。

（8）集料的吸水率、热膨胀系数直接影响混凝土的抗裂性能。轨道交通工程不得使用吸水率高的砂岩和线胀系数大的石英岩。大体积机制砂混凝土宜选用线膨胀系数小的集料。

5. 外加剂

（1）轨道交通工程 C30 以上混凝土应使用聚羧酸类高性能减水剂，其生产厂家必须具有母液合成生产能力和大型重点工程应用实例，产品必须经过有关部门检测并附有检验合格证。

（2）外加剂进场时，厂商应提供产品的推荐掺量、主要成分（包括复配组分）的化学名称、氯离子含量百分比、碱含量，以及施工中必要的注意事项（如超量或欠量使用时的有害影响、掺入方法、特殊的施工工艺或养护方式等）。

（3）聚羧酸类高性能减水剂的进场检验及其质量应满足《混凝土外加剂匀质性试验方法》（GB/T 8077—2011）、《混凝土外加剂》（GB 8076—2008）和《混凝土外加剂应用技术规范》（GB 50119—2013）的要求。

（4）聚羧酸类高性能减水剂的验收应采用施工用的原材料和配合比，配制出的混凝土性能指标应满足设计要求。

（5）外加剂的复配成分应根据环境温度、施工条件、混凝土原材料的变化进行调整，外加剂的最佳掺量应通过试验确定。

（6）聚羧酸减水剂中氯离子含量不得大于混凝土中胶凝材料总重的 0.01%。

（7）外加剂使用前应进行与胶凝材料适应性检验，检验方法参照《混凝土外加剂应用技术规范》（GB 50119—2013）中的附录 A 进行。

（8）当混合使用高效减水剂、引气剂、缓凝剂、膨胀剂及其他外加剂时，应事先进行相容性试验。

5.5.3 机制砂混凝土配合比设计

1. 一般规定

（1）机制砂混凝土配合比设计应参照《普通混凝土配合比设计规程》（JGJ 55—2011）进行混凝土配合比设计，设计的机制砂混凝土应满足设计和施工的混凝土拌合物工作性、凝结时间、表观密度和硬化混凝土强度、抗裂性及耐久性等性能指标的要求。

（2）机制砂混凝土配合比应结合机制砂不同于河砂的性能特点，根据原材料的性能及对混凝土结构的技术要求进行计算，并经过实验室试配、调整，满足要求后方可使用。

（3）机制砂混凝土配合比须经施工单位实验室和监理单位见证报批，审核通过后方可在轨道交通工程中进行应用，未经施工单位技术负责人审核和总监理工程师审批的机制砂混凝土配合比不得用于工程施工。

2. 机制砂混凝土配合比设计

（1）机制砂混凝土的配制强度应根据《普通混凝土配合比设计规程》（JGJ 55—2011）中 4.0.1 节进行设计。轨道交通工程混凝土的设计强度等级小于 C60，机制砂混凝土的配制强度按下式确定：

$$f_{cu,0} \geq f_{cu,k} + 1.645\sigma \tag{5-2}$$

式中　$f_{cu,0}$——机制砂混凝土配制强度（MPa）；

　　　$f_{cu,k}$——机制砂混凝土立方体抗压强度标准值，此处取机制砂混凝土的设计强度等级值（MPa）；

　　　σ——机制砂混凝土强度标准差（MPa）。

（2）机制砂混凝土强度标准差应按下列规定确定：

① 当具有 1~3 个月的同一品种、同一强度等级混凝土的强度资料时，其混凝土强度标准差 σ 应按下式计算：

$$\sigma = \sqrt{\frac{\sum_{i=1}^{n} f_{cu,i}^2 - n m_{f_{cu}}^2}{n-1}} \tag{5-3}$$

式中　$f_{cu,i}$——第 i 组的试件强度（MPa）；

　　　$m_{f_{cu}}$——n 组试件的强度平均值（MPa）；

　　　n——试件组数，n 值应大于或者等于 30。

对于强度等级不大于 C30 的混凝土：当 σ 计算值不小于 3.0MPa 时，应按照计算结果取值；当 σ 计算值小于 3.0MPa 时，σ 应取 3.0MPa。对于强度等级大于 C30 且不大于 C60 的混凝土：当 σ 计算值不小于 4.0MPa 时，应按照计算结果取值；当 σ 计算值小于 4.0MPa 时，σ 应取 4.0MPa。

② 当没有近期的同一品种、同一强度等级混凝土的强度资料时，其强度标准差 σ 可按表 5-10 取值。

表 5-10　机制砂混凝土标准差 σ 值

项目	指标		
机制砂混凝土强度等级	≤C20	C25~C45	C50~C55
机制砂混凝土强度标准值 σ（MPa）	4.0	5.0	6.0

（3）水胶比和胶材用量是影响机制砂混凝土强度、长期性能和耐久性的重要因素，考虑机制砂混凝土工程的耐久性和经济性，应根据机制砂混凝土的配制强度对混凝土的水胶比和胶材用量进行双重控制。轨道交通工程机制砂混凝土的最大水胶比和单方混凝土胶凝材料最低用量应满足表 5-11 中的要求。

表 5-11 机制砂混凝土配制要求

机制砂混凝土强度等级	胶凝材料用量（kg/m³）	最大水胶比
C55	440~520	0.35
C50（其他）	430~500	0.35
C50（衬砌管片）	410~450	0.35
C45	420~460	0.35
C40	380~440	0.36
C35	370~420	0.40
C30	360~400	0.40
C25	340~380	0.44

注：机制砂混凝土的总胶凝材料用量宜比普通河砂混凝土增加 10kg/m³。机制砂配制混凝土的水灰比仍基于《普通混凝土配合比设计规程》（JGJ 55—2011）中普通河砂混凝土强度水灰比与强度关系式进行计算。

（4）轨道交通工程 C30 及 C30 以上混凝土单方混凝土用水量不宜超过 185kg/m³。

（5）在满足设计与施工要求的情况下，为有效控制混凝土温度裂缝，机制砂混凝土宜采用大掺量粉煤灰、矿粉等矿物掺合料替代水泥，矿粉宜与粉煤灰复合掺入。轨道交通工程单掺粉煤灰最多不超过胶凝材料总量的 50%，如使用普通硅酸盐水泥，应考虑水泥中粉煤灰的掺量。

（6）机制砂配制混凝土时，矿渣粉、粉煤灰等掺合料的掺用可不考虑石粉含量的高低，并且机制砂中的石粉可替代粉煤灰作掺合料使用，其掺量可在胶凝材料质量的 10%~20% 范围通过试验确定。

（7）对于需水量很大的矿物掺合料，如硅灰、沸石粉等不适合单掺，宜与其他矿物掺合料复掺使用。混掺矿物掺合料胶凝材料体系中掺合料的适宜掺量见表 5-12。

表 5-12 混凝土矿物掺合料用量限定范围

矿物掺合料种类	粒化高炉矿渣粉	粉煤灰
占胶凝材料质量（%）	≤45	≤30

（8）机制砂普通混凝土的砂率不宜按天然砂混凝土砂率的选取方法直接选取，而应根据机制砂自身细度模数、颗粒级配、石粉含量及 MB 值，并根据水灰比及碎石最大粒径通过试验确定。轨道交通工程机制砂混凝土砂率宜采用 37%~45%；与普通河砂混凝土相比，机制砂混凝土砂率宜比普通河砂混凝土提高 2%~4%。用于泵送混凝土应相应增加砂率。

(9) 机制砂中的石粉含量或细度模数、级配发生变化时,应及时通过试验进行砂率的调整。

(10) 机制砂表观密度一般较天然砂大,导致机制砂混凝土容重高,因此在采用假定容重法进行配合比设计计算时,机制砂混凝土的假定容重应控制比相应的天然河砂混凝土高20~40kg/m³。

(11) 机制砂混凝土中高效减水剂掺量应根据机制砂混凝土的工作性要求通过试验确定,一般需比河砂混凝土高0.2%左右。

(12) 考虑氯离子对机制砂混凝土中钢筋的破坏作用,轨道交通工程钢筋混凝土中氯离子总含量(包括水泥、矿物掺合料、粗集料、细集料、水、外加剂等所含氯离子含量之和)不应超过胶凝材料总量的0.10%,预应力混凝土的氯离子总含量不应超过胶凝材料总量的0.06%。

(13) 为防止碱-集料反应发生,机制砂混凝土内总碱量(包括所有原材料)应满足不超过3.0kg/m³的要求。

(14) 混凝土的配制强度,应根据混凝土强度等级、生产施工水平的差异和变化以及材料质量可能的波动确定,混凝土配制强度不宜超出设计强度等级的40%。

(15) 机制砂混凝土氯离子扩散系数按95%的保证率进行配制,报批的配合比氯离子扩散系数必须小于其配制值。配制值计算公式如下:

$$D_{cu,0} \leq D_{cu,k} - 1.645\sigma \tag{5-4}$$

式中 $D_{cu,0}$——混凝土氯离子扩散系数配制值(56d);

$D_{cu,k}$——氯离子扩散系数设计值(56d);

σ——混凝土氯离子扩散系数标准差($\times 10^{-12} m^2/s$)。无施工混凝土配制氯离子扩散系数统计时,建议56d氯离子扩散系数标准差取0.3($\times 10^{-12} m^2/s$)。施工期则应积累统计资料,按照下式计算氯离子扩散系数标准差:

$$\sigma = \sqrt{\frac{\sum_{i=1}^{N} D_{nnsm,i}^2 - ND_n^2}{N-1}} \tag{5-5}$$

式中 $D_{nnsm,i}$——第i组混凝土氯离子扩散系数($\times 10^{-12} m^2/s$);

D_n——n组混凝土氯离子扩散系数的平均值($\times 10^{-12} m^2/s$);

N——统计批内的试件组数,$N \geq 25$。

(16) 机制砂混凝土的抗氯离子渗透性宜参照《普通混凝土长期性能和耐久性能试验方法标准》(GB/T 50082—2009)中的RCM法进行检测,应检测

28d、56d及84d机制砂混凝土氯离子扩散系数,掌握其发展规律,便于现场施工控制使用。其中,以28d氯离子扩散系数指标作为质量控制标准,以56d氯离子扩散系数指标作为评定依据。

(17)当水泥、矿物掺合料和集料的品种、质量改变时,应重新设计配合比。

(18)夏季浇筑的机制砂混凝土在进行配合比设计时宜选用缓凝高效减水剂,以推迟和削减水化热温峰。

3. 配合比的试配与调整

(1)在机制砂混凝土的试配阶段,除进行抗压强度、抗渗等常规测试外,还应进行电通量和抗碳化耐久性试验。除有特殊设计要求外,硬化混凝土电通量和氯离子扩散系数应满足表5-13中的规定。

表5-13 机制砂混凝土电通量和氯离子扩散系数要求

混凝土强度等级	56d电通量 C_{6h}（C）	氯离子扩散系数 D_{RCM}（$\times 10^{-12} m^2/s$）	
		56d	84d
C30～C55	≤1000	—	—
C50预制混凝土衬砌管片	—	≤1.2*	≤0.8*

* 所示指标针对标准养护条件下的管片混凝土提出。

(2)对于有抗裂要求的,应进行机制砂混凝土抗裂性能对比试验,可采用约束状态下的板式配筋试验或环形试件。机制砂混凝土的抗裂等级指标应满足表5-14中的要求。

表5-14 机制砂混凝土抗裂性能要求

不同结构部位混凝土	抗裂等级
顶板、底板、内衬侧墙和管片	I
地下连续墙、梁和柱	II

(3)在夏季施工的机制砂混凝土最高入模温度不得超过32℃,宜控制在30℃内。

(4)机制砂配制混凝土的砂率优选试验宜在37%～45%的范围内每间隔2%选取一个砂率进行混凝土拌合物和易性试验,以混凝土的和易性达到最佳为合理砂率。

(5)应参照《普通混凝土配合比设计规程》(JGJ 55—2011)的规定计算单方混凝土中各原材料组分用量,并核算单方混凝土的总碱含量和氯离子含量是否满足要求。如不满足,应重新选择原材料或调整计算配合比,直至满足要求为止。

（6）机制砂混凝土试配过程中应采用工程中实际使用的原材料和搅拌方法，通过适当调整混凝土外加剂用量或砂率，调配出坍落度、含气量、泌水率符合要求的混凝土配合比。试拌时，每盘混凝土的最小搅拌量应在25L及以上。该配合比作为基准配合比。

（7）改变基准配合比的水胶比、胶凝材料用量、矿物掺合料掺量、外加剂掺量或砂率等参数，调配出拌合物性能与要求值基本接近的配合比3~5个。拌合物性能主要包括坍落度、扩展度、坍落度经时损失、凝结时间、抗离析泌水等，试验方法应按《普通混凝土拌合物性能试验方法标准》（GB/T 50080—2016）的规定执行。

（8）根据上述不同配合比对应混凝土拌合物的性能、抗压强度、抗裂性以及耐久性能试验结果，按照工作性能优良、强度和耐久性满足要求、经济合理的原则，从不同配合比中选择一个最适合的配合比作为理论配合比。

（9）当混凝土的力学性能或耐久性能试验结果不满足设计或施工要求时，则应重新选择水胶比、胶凝材料用量或矿物掺合料用量，并按照上述步骤重新试拌和调整混凝土配合比，直至满足要求为止。

（10）当混凝土原材料、施工环境温度等发生较大变化时，应及时调整混凝土配合比。

（11）结合搅拌站试生产，对理论配合比进行生产适应性调整，最终确定施工配合比。

（12）配合比的确定不应以强度作为单一评价指标，而应综合考虑混凝土的工作性、容重、力学性能，氯离子扩散系数、抗裂性能等耐久性指标以及经济、适用性。

（13）施工阶段，应统计和分析机制砂混凝土的强度、氯离子扩散系数试验等试验数据，当波动较大时应考虑重新设计配合比。

（14）施工配合比的计算与调整应考虑砂、石含水率绝干状态与自然风干状态的差别。

（15）应根据气温的变化和施工工艺的不同调整外加剂组分，以满足不同部位的施工要求。

（16）机制砂混凝土配合比报批资料应至少包含原材料检测报告、机制砂混凝土配合比设计报告、机制砂混凝土抗渗检测报告（有抗渗要求的）、机制砂混凝土电通量（或氯离子扩散系数）检测报告和机制砂混凝土抗裂性能（有抗裂要求的）检测报告等。

5.6 机制砂混凝土的施工控制

5.6.1 一般规定

（1）机制砂混凝土生产和施工的质量控制，除了符合本《指南》要求外，还应符合国家标准《地下铁道工程施工质量验收标准》（GB/T 50299—2018）、《混凝土质量控制标准》（GB 50164—2011）和《混凝土结构工程施工质量验收规范》（GB 50204—2015）的有关规定。

（2）机制砂混凝土施工前，施工单位和搅拌站应根据工程设计要求、工程性质、结构特性、混凝土技术要求和混凝土结构所处的环境条件等，制定专项的机制砂混凝土施工技术方案。

（3）施工前应对混凝土的施工设备进行检验，对生产机制砂混凝土的原材料储存数量进行核实，确保机制砂混凝土施工设备和混凝土供应能满足连续施工要求时，方可进行施工。

（4）施工前应采用现场原材料对机制砂混凝土配合比进行复盘检验，并根据施工现场的实际情况，相应地调整混凝土配合比使其满足机制砂混凝土的施工要求。

（5）在机制砂混凝土施工过程中，应对机制砂混凝土原材料质量波动、原材料计量、混凝土搅拌、拌合物运输、混凝土浇筑、拆模及养护进行全过程控制，并根据需要进行调整。

（6）施工前和施工过程中应对使用的机制砂混凝土进行留样，对机制砂混凝土的性能进行检测，对机制砂混凝土的施工质量进行全程监测。

（7）机制砂混凝土生产与施工时应通过优选原材料、优化混凝土配合比、加强混凝土的振捣和养护、加强混凝土裂缝控制、标准化作业等手段保证机制砂混凝土的施工质量。

（8）机制砂混凝土在运输、输送和浇筑过程中严禁加水。

5.6.2 原材料质量控制

（1）机制砂混凝土用原材料的采购厂家和料源地必须报审，宜在具有稳定供货源和一定规模的厂家采购。

（2）入场的原材料应具备由厂家提供的型式检验报告和批量出厂检验报告，经施工单位和监理单位见证取样，抽检合格后方可入场。入场后的原材料应由试验人员对各项指标进行详细检验，经材料管理人员、质量管理人员和监理工程师检验合格后方可使用。在工程施工过程中，应定期对使用的原材料质量进行抽检。

（3）各类原材料应有固定的堆放地点和明确的标识，应标明每种材料的名称、品种、生产厂家、生产（或进场）日期。原材料堆放时应有堆放分界标识，以免误用。

（4）原材料在运输过程中应采用防水篷布覆盖或其他有效措施保护原材料不受外界物质的污染。

（5）原材料应根据机制砂混凝土的生产计划进行备料，应储存足够的数量，以满足机制砂混凝土连续生产的需要。

（6）机制砂混凝土用水泥、矿物掺合料等宜采用散料仓分别存储。对于易受潮的袋装粉状材料在运输和存放期间应设立专用库房存放，不得露天堆放，同时应注意防潮。对于不同批次的粉料，应按进场的先后次序使用。

（7）机制砂和碎石供应商应设立专用堆场，使用前应先进行硬化处理，并设计必要的排水设施。当集料有离析导致级配不良时应重新拌和，达到规定的要求后方可使用。但机制砂或碎石采用多级配时，应将集料按分级分别进行采购后分级运输、分级储存和分级计量。

（8）在机制砂混凝土施工过程中，应对机制砂混凝土原材料质量波动情况进行监测，尤其是机制砂和粗集料的含水率变化的监测。在雨雪天气或天气明显变化时，应加强机制砂和碎石的含水率监测，并将集料的含水率波动情况及时反馈给机制砂混凝土生产部门，对机制砂混凝土的配合比进行适当的调整。

（9）机制砂进场时，应按机制砂出厂检验同等批量进行进场复检并进行分级评定。

5.6.3 混凝土生产

（1）原材料的计量应采用电子计量系统进行计量，机制砂和粗集料称量的允许偏差为±2.0%（按质量计），其他原材料的允许偏差为±1.0%（按质量计）。

（2）在机制砂混凝土生产前应测量集料的含水量，每班2次，雨天和天气变化剧烈时应增加抽检频率并做好记录。根据含水率测试结果在得到监理工程师批准后方可对机制砂混凝土试验配合比进行调整，提出供实际使用的施工配合比，调整的机制砂混凝土配合比也应进行记录。

（3）机制砂混凝土宜采用双卧轴强制式搅拌机拌制，不得使用自落式搅拌机，搅拌时间应在天然河砂混凝土搅拌时间的基础上适当延长，可延长约30s，保证机制砂混凝土的生产质量。

（4）机制砂混凝土在施工前，应采用现场原材料对配合比进行复盘，检验机制砂混凝土的工作性能指标，如坍落度、表观密度、含气量、出机温度等指标，以保证现场原材料的质量稳定性。现场测试指标满足施工指标要求后方可进行机制砂混凝土的生产。

（5）在拌制第一盘机制砂混凝土时，应采用施工配合比对搅拌系统进行润洗，以保证机制砂混凝土质量的稳定。润洗后的混凝土应废弃，不得使用在混凝土结构工程中。

（6）在炎热夏季施工时，应对混凝土原材料温度进行监测，可采取在集料堆场搭设遮阳棚等方式确保机制砂混凝土用原材料的温度满足要求。混凝土拌制过程中可采用低温水搅拌或采用冰屑部分代替水或在晚间搅拌混凝土等措施，保证混凝土入模温度不超过设计要求。

（7）机制砂混凝土拌和过程中，应密切观察出机混凝土的拌和质量，对生产的机制砂混凝土抽检其坍落度和扩展度，评价其工作性能是否符合设计要求。对于不符合要求的机制砂混凝土应废弃，不得使用在混凝土结构工程中。

（8）机制砂混凝土的坍落度、含气量、表观密度等工作性能指标应每200m³取样检验一次，每工作班至少2次，同时应留样检测机制砂混凝土的硬化性能指标。

（9）机制砂混凝土的坍落度允许偏差应符合表5-15中的要求。

表5-15 坍落度允许偏差

坍落度（mm）	允许偏差（mm）
≤40	±10
50~90	±20
≥100	±30

（10）机制砂混凝土生产完成后应及时对混凝土生产搅拌系统进行清洗，以防造成设备的损坏。

5.6.4 混凝土运输

（1）机制砂混凝土运输设备和运输能力应适应混凝土凝结时间和浇筑强度的需要，应能保证混凝土浇筑过程的连续进行。

（2）应尽量减少混凝土的转载次数和运输时间，保证机制砂混凝土在输送途中不分层和不离析，坍落度损失应在相应技术要求的规定范围内。混凝土的运输时间不得超过混凝土的初凝时间。

（3）为避免阳光暴晒，在混凝土运输途中对混凝土性能（如温度、凝结时间等）造成影响，必要时应在运输混凝土的罐车上加上遮盖物或隔热材料。

（4）采用混凝土泵输送混凝土时，应按《混凝土泵送施工技术规程》（JGJ/T 10—2011）相关的混凝土浇筑方案的规定进行施工，符合国家标准《混凝土结构工程施工质量验收规范》（GB 50204—2015）和《地下铁道工程施工质量验收标准》（GB/T 50299—2018）的相关规定。

（5）在炎热夏季施工时，应采用湿草帘或湿麻袋覆盖降温或涂成白色等方式确保混凝土的入模温度满足相关技术标准的要求。

（6）机制砂混凝土运输至浇筑现场时，应由施工单位和监理单位对混凝土性能进行抽样检测，并进行记录，混凝土工作性能满足要求时方可使用。不满足要求的混凝土不得进行泵送和混凝土浇筑施工。

5.6.5 混凝土浇筑和振捣

（1）机制砂混凝土的浇筑振捣应符合国家标准《混凝土质量控制标准》（GB 50164—2011）、《混凝土结构工程施工规范》（GB 50666—2011）、《混凝土结构工程施工质量验收规范》（GB 50204—2015）和《地下铁道工程施工质量验收标准》（GB/T 50299—2018）的相关规定。

（2）机制砂混凝土的浇筑强度应考虑混凝土的凝结时间和运输强度，应进行连续浇筑，避免长时间的浇筑等待而导致混凝土结构出现施工冷缝。

（3）应针对工程设计要求、混凝土结构特点、施工工艺、施工环境和施工条件等因素，制定专项的机制砂混凝土浇筑方案，包括浇筑时间、浇筑分区、浇筑进展方向、浇筑厚度、振捣点分布和振捣时间等关键内容。

（4）机制砂混凝土按照30cm厚度进行分层布料和振捣、混凝土浇筑厚度不宜过大，不得用振捣棒赶料。浇筑过程中应控制混凝土的均匀性和密实性，不应出现露筋、空洞、冷缝、夹渣、松散等现象，尤其是钢筋密集处和特殊结构等部位。

（5）机制砂混凝土下料高度不得超过2m，超过2m时应采用串筒、溜槽或导管等设施辅助下料，应保证混凝土在下料过程中不出现分层离析现象。

（6）机制砂混凝土浇筑前应先测试其浇筑温度，满足设计要求或《大体积混凝土施工标准》（GB 50496—2018）的要求后方可进行混凝土的浇筑。在炎热气候下浇筑混凝土，应避免模板和新浇混凝土受阳光直射，宜尽可能安排在傍晚或夜间浇筑而避开炎热的环境，避免加剧混凝土内部温升。

（7）机制砂混凝土应采用快速、稳定、连续、可靠的浇筑方式一次浇筑成型。混凝土浇筑时间不得超过混凝土的初凝时间。

（8）当环境风速过大，超过 5m/s 时，机制砂混凝土的浇筑施工应采取适当的挡风措施保证混凝土的浇筑质量。

（9）机制砂混凝土的振捣应划分区域和振捣时长，混凝土每个振捣点振捣时间宜控制在 15～30s，快插慢拔。振捣密实的标志是混凝土停止下沉，不再冒出气泡，表面呈现平坦、翻浆，应振捣至混凝土顶面基本均匀并呈现泛浆为止，不得过振。

（10）浇筑完成的混凝土顶面应先进行粗平，初凝前进行二次振捣和二次抹面，并及时进行保湿养护，防止混凝土产生收缩裂缝。

（11）在振捣混凝土过程中，应加强检查模板支撑的稳定性和接缝的密合情况，以防漏浆。

5.6.6 拆模与养护

（1）机制砂混凝土的养护应符合国家规范《混凝土质量控制标准》（GB 50164—2011）和《混凝土结构工程施工规范》（GB 50666—2011），国家标准《混凝土结构工程施工质量验收规范》（GB 50204—2015）和《地下铁道工程施工质量验收标准》（GB/T 50299—2018）的相关规定。

（2）机制砂混凝土应制定详细的养护方案，机制砂混凝土浇筑完成后应定时测定混凝土温度以及环境气温、相对湿度、风速等参数，并根据环境参数变化及时调整养护方式。

（3）机制砂混凝土浇筑完毕收面后应尽快覆盖带膜土工布对混凝土进行保湿养护，并不断洒水，保证机制砂混凝土表面潮湿。

（4）机制砂混凝土拆模时，其强度应能保证结构表面、棱角以及内部不受损伤。应对同条件留样养护的混凝土进行早期强度测试，根据留样试样的强度确定混凝土结构的拆模时间。

（5）在混凝土发热阶段最好采用喷雾养护，避免混凝土表面温度产生骤然变化导致混凝土开裂。

（6）机制砂混凝土温峰过后方可拆模。拆模后，应尽快采取养护措施保证混凝土表面与环境温度之差小于 15℃。

（7）养护水温度应与所养护机制砂混凝土内部温度及环境温度相匹配，夏季高温季节应覆盖保湿养护，冬季应采用热水保温养护，养护水的温度与机制砂混凝土表面温度之差不得超过15℃。低温季节或气温骤降时应考虑覆盖保温养护，避免温、湿度的剧烈变化而引起开裂。

（8）混凝土结构拆模后，应及时对混凝土采用蓄水、浇水或覆盖洒水等措施进行潮湿养护，覆盖物可选用粗麻布、棉毡、土工布等。包覆期间，包覆物应完好无损，彼此搭接完整（搭接长度应不小于15cm）并相互紧贴，内表面应具有凝结水珠。

（9）机制砂混凝土结构拆模后养护时间不少于14d，对于大矿物掺合料和大体积机制砂混凝土养护时间应不少于28d。高石粉含量的机制砂混凝土应适当延长拆模时间以保证混凝土强度满足拆模强度要求，养护时间应适当延长2~3d以减小机制砂混凝土塑性收缩和干燥收缩的可能性。

（10）混凝土采用喷涂养护剂养护时，采用的养护剂及其应用应符合有关标准要求，并保证不漏喷。

（11）混凝土在冬季和炎热季节拆模后，若天气骤然变化时，应采用适当的保温（寒季）隔热（夏季）措施，防止混凝土产生过大的温差应力。

（12）对于混凝土构件的蒸汽养护，可分静停、升温、恒温、降温四个阶段。静停期间应保持环境温度不低于5℃，浇筑结束4~6h且混凝土终凝后方可升温；升温速度不宜大于10℃/h；恒温期间混凝土内部温度不宜超过60℃，最大不得超过65℃，恒温养护时间应根据构件脱模强度要求、混凝土配合比情况以及环境条件等通过试验确定；降温速度不宜大于10℃/h。

（13）机制砂混凝土养护期间，施工和监理单位应各自对混凝土的养护过程做详细记录，并建立严格的岗位责任制。

（14）机制砂混凝土养护用水应符合行业标准《混凝土用水标准》（JGJ 63—2016）的规定，不得使用海水、生活污水及工业废水。

5.6.7 混凝土温度控制

机制砂混凝土的温度控制应制定专项的混凝土温度控制方案，并根据方案实施，没有专项混凝土温度控制方案的应满足《大体积混凝土施工标准》（GB 50496—2018）的要求。

5.7 机制砂混凝土的质量检验与验收

5.7.1 一般规定

（1）轨道交通工程机制砂混凝土质量检验与验收应符合国家标准《混凝土

结构工程施工质量验收规范》（GB 50204—2015）和《地下铁道工程施工质量验收标准》（GB/T 50299—2018）的规定。

（2）混凝土工程在竣工验收时，还应符合本《指南》对混凝土的收缩、徐变等长期性能和耐久性能的规定。

5.7.2　原材料的质量检验与验收

（1）机制砂混凝土用原材料进场时应按规定对每批次的原材料附带的型式检验报告、出厂检验报告、合格证书和使用说明书等进行验收，并进行必要的入场检验。

（2）原材料进场后应对原材料进行首检、季检、半年检或常规检验，首检应包含原材料的全部检验指标，季检为每3个月检验一次，半年检为每6个月检验一次，常规检验应按原材料的批次批量进行检验，在机制砂混凝土生产的过程中也按规定进行抽检。

（3）水泥检验频率应为首检、季检和常规检验。在正常保管情况下，每3个月至少检查一次；对应库存超过3个月、有结潮现象的水泥，使用前必须进行复验；对水泥质量有怀疑时，应及时检查。常规检按散装水泥500t为一批、袋装水泥200t为一批、不足上述数量也按一批次检验。

（4）水泥的首检和季检应对比表面积、凝结时间、安定性、标准稠度用水量、胶砂强度、烧失量、氯离子含量、游离氧化钙、氧化镁和三氧化硫含量进行检验，有预防潜在碱-集料反应的混凝土还应进行碱含量测定。常规检验应对比表面积、凝结时间、安定性、标准稠度用水量和胶砂强度指标进行检验。

（5）粉煤灰和矿粉的检验频率应为首检、季检和常规检验。在正常保管情况下，每3个月至少检查一次。对粉煤灰质量有怀疑时，应及时检查。常规检按200t为一批进行检验、不足200t时也按一批次检验。若粉煤灰和矿粉有所改变或对粉煤灰或矿粉质量怀疑时也应进行检验。

（6）粉煤灰的首检和季检应对细度、需水量比、含水率、烧失量、三氧化硫含量、游离氧化钙、氯离子含量和密度进行检验，有预防潜在碱-集料反应的混凝土还应进行碱含量测定。常规检验应对细度、需水量比、含水率、烧失量和三氧化硫含量指标进行检验。

（7）矿粉的首检和季检应对密度、比表面积、烧失量、活性指数、含水率、流动度比、三氧化硫含量、氧化镁含量和氯离子含量进行检验，有预防潜在碱-集料反应的混凝土还应进行碱含量测定。常规检验应对密度、比表面积、烧失量、活性指数、含水率和流动度比指标进行检验。

（8）机制砂和粗集料的检验频率应为首检、半年检和常规检验。常规检验按每 400m³ 或 600t 为一批进行检验、不足 400m³（或 600t）时也按一批次检验。若机制砂砂源或粗集料石源有所改变或对质量怀疑时也应进行检验。

（9）机制砂的首检和半年检应对颗粒级配、细度模数、石粉含量、MB 值、压碎指标、泥块含量、表观密度、堆积密度、含水率、氯离子含量和坚固性进行检验，有预防潜在碱-集料反应的混凝土还应进行碱活性测定。常规检验应对颗粒级配、细度模数、石粉含量、MB 值、含水率、表观密度和氯离子含量指标进行检验。

（10）粗集料的首检和半年检应对颗粒级配、细度模数、石粉含量、MB 值、压碎值、针片状含量、含泥量、泥块含量、表观密度、堆积密度、有机物含量、吸水率、硫化物及硫酸盐含量、含水率、氯离子含量和坚固性进行检验，有预防潜在碱-集料反应的混凝土还应进行碱活性测定。常规检验应对颗粒级配、含泥量、泥块含量、含水率、表观密度、压碎值和针片状含量指标进行检验。

（11）外加剂的检验频率应为首检、季检和常规检验。常规检按每 50t 为一批进行检验、不足 50t 时也按一批次检验。若外加剂有所改变或对外加剂质量怀疑时也应进行检验。

（12）外加剂的首检和季检应对减水率、泌水率比、凝结时间差、抗压强度比、固体含量、pH 值、碱含量和氯离子含量进行检验。常规检验应对减水率、泌水率比、凝结时间差、抗压强度比和氯离子含量指标进行检验。

（13）拌合水的检验频率应为首检、半年检和常规检验。常规检按同种水源每季节至少取样一次进行检验。若水源有所改变或对拌合水质量怀疑时也应进行检验。

（14）拌合水的首检和季检应对 pH 值、氯离子含量、不溶物含量、可溶物含量、硫酸盐含量、碱含量、凝结时间差和抗压强度比进行检验。常规检验应对 pH 值、氯离子含量、不溶物含量、可溶物含量和硫酸盐含量指标进行检验。

（15）机制砂的取样应按标准《普通混凝土用砂、石质量及检验方法标准》（JGJ 52—2006）的规定进行，其他原材料的取样标准按相关标准执行。

5.7.3 新拌机制砂混凝土的质量检验与验收

(1) 在机制砂混凝土生产和施工过程中,应对机制砂混凝土拌合物的性能和质量进行抽样检验,检验频率应为每一个工作班至少检验2次。新拌混凝土工作性能按每400m³为一个检验批检验一次,不足400m³的也按一个检验批检验一次。当机制砂混凝土来源和配比有所改变、或对混凝土性能怀疑时也应进行检验。

(2) 机制砂混凝土拌合物的性能检验应检验坍落度、1h坍落度损失、黏聚性和保水性,有必要时也应检验表观密度和含气量。

5.7.4 硬化机制砂混凝土的质量检验与验收

(1) 机制砂混凝土试件的留置、制作、养护和试验应按国家标准《普通混凝土拌合物性能试验方法标准》(GB/T 50080—2016)的有关规定进行。

(2) 机制砂混凝土的强度检验评定标准应符合国家标准《混凝土强度检验评定标准》(GB/T 50107—2010)的相关规定。

(3) 机制砂混凝土的长期性能和耐久性能的检验评定标准应符合行业标准《混凝土耐久性检验评定标准》(JGJ/T 193—2009)的相关规定。

(4) 机制砂混凝土试件的留置、制作、养护和试验应按国家标准《普通混凝土拌合物性能试验方法标准》(GB/T 50080—2016)的有关规定进行。

(5) 机制砂混凝土强度评定按每400m³留置1组,不足400m³也留置1组。

(6) 机制砂混凝土的氯离子扩散系数评定按每400m³为一个检验批留置1组,不足400m³也按一个检验批留置1组。

(7) 以28d氯离子扩散系数指标作为施工质量控制标准,以56d氯离子扩散系数作为质量评定依据。

(8) 当现场留样试块氯离子扩散系数评定不合格时,应以实体构件取芯评定为准。

5.7.5 机制砂混凝土工程的验收

(1) 轨道交通工程机制砂混凝土工程施工质量验收应符合国家标准《混凝土结构工程施工质量验收规范》(GB 50204—2015)和《地下铁道工程施工质量验收标准》(GB/T 50299—2018)的规定,同时应符合本《指南》对混凝土长期性能和耐久性能的规定。

(2) 施工过程中应按表5-16中的要求,对混凝土耐久性能指标进行检验。

监理单位见证取样和送检比例不得低于施工单位取样数量的30%。

表5-16 混凝土耐久性检测指标与频率

结构部位		抗氯离子渗透性				抗碳化性能		抗裂性能	
		56d 电通量（C）		氯离子扩散系数（$\times 10^{-12} m^2/s$）		28d 快速碳化深度（mm）		抗裂等级	
		指标值	频率	指标值	频率	指标值	频率	指标值	频率
车站结构	地下连续墙、桩基	≤1000	各2②次/车站或区间	—	—	—	—	Ⅱ	各1次/车站或区间
	顶板、底板			—	—	≤10.0	各1次/车站或区间	Ⅰ	
	内衬侧墙			—	—			Ⅰ	
	柱、梁			—	—			Ⅱ	
盾构区间	管片	≤800	2000m³/次③	56d≤1.2① 84d≤0.8①	2000m³/次③	≤5.0	1次/区间	Ⅰ	1次/区间
高架区间	承台、墩柱、盖梁和箱梁	≤1000	各2②次/区间	—	—	—	—	—	—

①该指标针对标准养护条件下的管片混凝土提出。
②表中电通量的检测频率，若同一车站或区间为同搅拌站、同施工标段、同施工工艺和同配合比混凝土，可只检测一次。
③若同一盾构区间混凝土不足2000m³时，检测频率按2000m³计。

（3）对施工过程中检验混凝土工作性、抗压强度、抗渗等级和耐久性能的检验试块应在浇筑地点从混凝土罐车中随机抽取，同一批试块应从同一盘混凝土中取样。

6 轨道交通工程混凝土施工技术规程

6.1 总则

（1）为提高轨道交通工程混凝土结构的施工质量，加强混凝土生产和施工过程质量控制，避免或减少混凝土结构出现裂缝，提高混凝土结构的耐久性，制定本规程。

（2）本《规程》适用于轨道交通工程车站主体结构、地下区间和高架区间、道床结构及附属地面建筑结构的主体现浇混凝土施工和预制构件混凝土施工，其余 C30 以下等级混凝土也可参照本规程执行。

（3）轨道交通工程混凝土的生产与施工除应符合本《规程》外，凡本《规程》未做规定的尚应符合国家现行有关标准的规定。

6.2 术语

1. 环境作用

能引起结构材料性能劣化或腐蚀的环境因素，如刮风，温、湿度循环变化及各种有害介质等施加于结构上的作用。

2. 结构使用年限

结构建成后，在预定的使用与维护条件下，结构所有性能均能满足原定要求的实际年限。

3. 净保护层厚度

在耐久性设计中为控制钢筋锈蚀所必需的混凝土保护层厚度。净保护层厚度指从混凝土表面到最外侧钢筋的外缘，通常为箍筋或外侧分布筋而不是主筋。

4. 高性能混凝土

以耐久性为基本要求，并满足工程其他的特殊性能且匀质性良好，以常规材料和工艺制造的水泥基混凝土。组分上的特点是掺加优质的矿物掺合料和高效减水剂，选用较低的水胶比和较少的水泥用量，在制作上通过严格的质量控制和相配套的技术措施，从而达到良好的工作性、均匀性、密实性和体积稳定性。

5. 氯离子扩散系数

表示氯离子在混凝土中扩散性能的一个参数。氯离子在混凝土中的扩散是溶于混凝土孔隙水中的氯离子从高浓度向低浓度区的传输。

6. 预制混凝土衬砌管片

以钢筋、混凝土为主要原材料制成的管片。

7. 碱-集料反应

混凝土中的碱（Na^+ 和 K^+）与砂、石集料中某些含有活性硅的成分起反应，引起混凝土膨胀、开裂。

8. 大体积混凝土

预计因胶凝材料水化热等因素引起混凝土温度变化导致裂缝，或结构断面最小尺寸等于或大于1m的混凝土。

9. 浇筑温度

混凝土平仓振捣后，上层混凝土未覆盖前距上表面100mm深处的混凝土温度。

10. 复合墙体系

复合墙体系是指地铁车站围护结构和内衬结构分离设置，中间设置柔性防水隔离层与结构的顶、底板防水层形成整体密封的一种墙体构造形式。

11. 降温速率

混凝土浇筑体内部温度到达峰值后，单位时间内的温度下降值。

6.3 基本规定

6.3.1 环境作用等级及分区

轨道交通工程所处的环境对钢筋和混凝土材料的不同腐蚀作用及其等级见表6-1。

表6-1 混凝土结构的环境作用等级及分区

结构部位		环境类别	环境条件	环境作用等级
地下车站结构	地下连续墙	迎土/水面	除冰盐等其他氯盐环境	局部干湿交替环境①	部分Ⅳ-C，局部Ⅳ-D②
		背土/水面	一般环境	非干湿交替环境	Ⅰ-B（叠合墙） Ⅰ-C（单墙）

续表

结构部位		环境类别	环境条件	环境作用等级
地下车站结构	顶板、底板 迎土/水面	除冰盐等其他氯盐环境	接触较高氯离子水体,无干湿交替环境③	Ⅳ-C
	顶板、底板 背土/水面	一般环境	非干湿交替环境	Ⅰ-B
	内衬侧墙 外侧	一般环境	非干湿交替环境	Ⅰ-B
	内衬侧墙 内侧	一般环境	非干湿交替环境	Ⅰ-B
	室内梁、板、柱	一般环境	非干湿交替环境	Ⅰ-B
盾构隧道	盾构管片 外弧面	除冰盐等其他氯盐环境	接触较高(局部高)氯离子水体,无干湿交替环境③	Ⅳ-C
	盾构管片 内弧面	一般环境	非干湿交替环境④	Ⅰ-B
	连接通道 外弧面	除冰盐等其他氯盐环境	接触较高(局部高)氯离子水体,无干湿交替环境③	Ⅳ-C
	连接通道 内弧面	一般环境	非干湿交替环境④	Ⅰ-B

① 由于地下水稳定水位以下1m的上部范围内存在干湿交替环境,而其他为非干湿交替环境。因此,对于地下连续墙,埋深不同时,其局部微环境不同。

② 由勘察资料可知,不同站点和区间的氯盐浓度分布不同,因此不同站点和区间的混凝土结构的环境作用等级划分不同。

③《混凝土结构耐久性设计标准》(GB/T 50476—2019)中对于接触较高(或高)浓度氯离子的水体环境的划分时,要求有干湿交替的环境。考虑这些结构埋于土中,无干湿交替的环境。故参考《混凝土结构耐久性设计与施工指南》(CCES 01—2004)中Ⅳ类环境,与含有较高氯盐接触的水体或者土体的构件,周边永久浸没水中不存在干湿交替或接触大气,可按照环境作用等级Ⅳ-C考虑。

④ 对于管片和横向通道结构的内弧面,如果出现内弧面有渗漏水且有干湿交替的极端恶劣环境,考虑不同区间浓度分布的不同,其环境类别和作用等级可划分为部分Ⅳ-D,局部Ⅳ-E。

6.3.2 混凝土碱-集料反应

轨道交通工程混凝土除了上述地下水中氯盐腐蚀、碳化造成混凝土结构破坏,在长期潮湿和有水长期作用的环境下,还必须高度重视混凝土碱-集料反应,应在设计施工中采取相应的对策。

6.3.3 最小保护层厚度

针对轨道交通工程腐蚀环境要求,混凝土结构的最小保护层厚度应满足表6-2中的要求。

表 6-2　混凝土结构的最小保护层厚度

结构部位			环境作用等级	最小保护层厚度（mm）
地下车站结构	地下连续墙	迎土/水面	部分Ⅳ-C，局部Ⅳ-D	50
		背土/水面	Ⅰ-B（叠合墙） Ⅰ-C（单墙）	（叠合墙）30 （单墙）40
	顶板、底板	迎土/水面	Ⅳ-C	45
		背土/水面	Ⅰ-B	30
	内衬侧墙	外侧	Ⅰ-B	30
		内侧	Ⅰ-B	30
	室内梁、板、柱		Ⅰ-B	30
盾构隧道	盾构管片	外弧面	Ⅳ-C	40
		内弧面	Ⅰ-B	30
	连接通道	外侧	Ⅳ-C	45
		内侧	Ⅰ-B	30

6.3.4　最大裂缝宽度限值

轨道交通工程混凝土结构最大裂缝宽度限值应按表 6-3 控制。

表 6-3　混凝土结构最大裂缝宽度限值

结构部位			环境作用等级	最大允许裂缝宽度（mm）
地下车站结构	地下连续墙	迎土/水面	部分Ⅳ-C，局部Ⅳ-D	0.20
		背土/水面	Ⅰ-B（叠合墙） Ⅰ-C（单墙）	0.30（叠合墙） 0.20（单墙）
	顶板、底板	迎土/水面	Ⅳ-C	0.20
		背土/水面	Ⅰ-B	0.30
	内衬侧墙	外侧	Ⅰ-B	0.30
		内侧	Ⅰ-B	0.30
	室内梁、板、柱		Ⅰ-B	0.30
盾构隧道	盾构管片	外弧面	Ⅳ-C	0.20
		内弧面	Ⅰ-B	0.30
	连接通道	外侧	Ⅳ-C	0.20
		内侧	Ⅰ-B	0.30

6.3.5 抗渗透性及抗裂性

轨道交通工程混凝土的抗渗透性及抗裂性应分别满足表6-4和表6-5中的规定。

表6-4 混凝土电通量和氯离子扩散系数要求

混凝土强度等级	56d 电通量 C_{6h}（C）	氯离子扩散系数 D_{RCM}（$\times 10^{-12} m^2/s$）	
		56d	84d
C30~C55	≤1000	—	—
C50 预制混凝土衬砌管片	—	≤1.2*	≤0.8*

* 该指标针对标准养护条件下的管片混凝土提出。

表6-5 混凝土抗裂性能要求

不同结构部位混凝土	抗裂等级
顶板、底板、内衬侧墙和管片	Ⅰ
地下连续墙、梁和柱	Ⅱ

6.4 原材料技术要求

6.4.1 水泥

（1）应采用符合国家标准《通用硅酸盐水泥》（GB 175—2007）强度等级为42.5级普通硅酸盐水泥或Ⅱ型硅酸盐水泥。

（2）水泥中铝酸三钙（C_3A）含量宜控制在6%~10%；水泥80μm方孔筛筛余不应小于1%，比表面积不得超过400m^2/kg。

（3）宜采用低碱水泥，其碱含量（按 Na_2O 当量计）应小于0.6%。

（4）水泥质量应稳定，实际强度应与其强度等级相匹配。定期对分批进场的水泥进行胶砂强度的评定，标准差 σ 宜控制在3.0MPa以内。

（5）水泥使用时温度不得超过60℃，避免使用刚出厂的新鲜水泥。

6.4.2 矿物掺合料

（1）轨道交通工程使用的矿物掺合料包括粉煤灰和粒化高炉矿渣粉（以下简称"矿粉"），其中粉煤灰应符合《用于水泥和混凝土中的粉煤灰》（GB/T 1596—2017）的规定，矿粉应符合《用于水泥、砂浆和混凝土中的粒化高炉矿渣粉》（GB/T 18046—2017）的规定。

（2）粉煤灰必须来自燃煤工艺先进的电厂，应选用Ⅰ级或Ⅱ级粉煤灰，其烧失量宜小于5.0%，需水量比应小于105%；配制C50及以上等级混凝土时，需水量比应小于100%，烧失量不宜大于3%。粉煤灰应组分均匀、各项性能指标稳定，不得使用高钙灰。

（3）宜采用S95级矿粉，比表面积宜为400~450m²/kg。

6.4.3 集料

（1）集料应符合国家标准《建设用砂》（GB/T 14684—2011）和《建设用卵石、碎石》（GB/T 14685—2011）的技术要求。

（2）选择料场时必须对集料进行潜在活性的检测，不得采用可能发生碱-集料反应的活性集料。

（3）粗集料

① 应选用质地均匀坚固，粒形和级配良好、吸水率低、空隙率小的天然碎石。大体积混凝土宜选用线膨胀系数较小的集料。

② 最大公称粒径应不超过结构物最小尺寸的1/4、钢筋最小净距的3/4和保护层厚度的2/3；当设置两层或多层钢筋时，不得超过钢筋最小净距的1/2；泵送混凝土的粗集料最大粒径不应超过输送管内径的1/3；水下灌注混凝土的粗集料最大粒径不得大于导管内径的1/6和钢筋最小净距的1/4。最大公称粒径不得超过31.5mm，配制C50级以上等级的混凝土时，不得大于25mm。

③ 宜选用两级配碎石，应满足表6-6的要求。

表6-6 碎石的主要技术要求

序号	项目	指标	
		C50以下	C50及以上
1	含泥量或粉尘含量（按质量计,%）<	0.5	0.5
2	泥块含量（按质量计,%）<	0	0
3	坚固性指标的质量损失（%）<	8	5
4	岩石抗压强度/混凝土强度（MPa）≥	2	2
5	针片状颗粒（按质量计,%）<	10	5
6	碎石压碎指标（%）<	10	7
7	表观密度（kg/m³）>	2600	2600
8	松散堆积密度（kg/m³）>	1450	1450
9	空隙率（%）<	45	45

续表

序号	项 目	指标	
		C50 以下	C50 及以上
10	吸水率（％）＜	2	2
11	碱-集料反应（膨胀率）（％）＜	0.15	0.15
12	有机物含量	合格	合格
13	硫化物及硫酸盐含量（％）＜	0.5	0.5
14	氯离子含量（％）＜	0.02	0.02

（4）集料应分级堆放，堆场上架设遮阳棚。

（5）细集料

① 应选用颗粒坚硬、强度高、耐风化的天然河砂，云母含量小于2%；不得使用海砂。

② 应选用Ⅱ区中砂，细度模数宜控制在2.6～3.1。

③ 含泥量应低于2.0%，泥块含量应低于0.5%，水溶性氯化物（折合氯离子含量）应不超过集料质量的0.02%。

6.4.4 化学外加剂

（1）减水剂宜选用聚羧酸类高性能减水剂，质量应符合《混凝土外加剂》（GB 8076—2008）的规定。外加剂生产厂家应具有母液合成生产能力，产品必须经过有关部门检测并附有检验合格证的产品，并有大型工程应用业绩。

（2）减水剂减水率不宜低于25%，含固量应大于20%，混凝土1h坍落度损失小于初始值的10%，泌水率比不大于60%，28d收缩率比不大于105%。C50预制混凝土衬砌管片使用的减水剂减水率不宜低于25%，含固量应大于20%，28d收缩率比不大于100%。

（3）减水剂中氯离子含量（按折固含量计）不大于0.6%，总碱量（按折固含量计）不大于15%。

（4）减水剂必须进行匀质性检验，使用前应进行混凝土适应性试验，当固含量发生变化时必须通过试验调整其掺量。减水剂匀质性控制指标见表6-7。

表6-7 聚羧酸系高性能减水剂匀质性指标

试验项目	测试指标
含固量	$S>25\%$，应控制在$0.95S\sim1.05S$；$S\leqslant25\%$，应控制在$0.90S\sim1.10S$
pH 值	在生产厂控制范围内

续表

试验项目	测试指标
密度	$D>1.1$，应控制在 $D±0.03$；$D≤1.1$，应控制在 $D±0.02$
水泥净流动度	不应小于生产厂控制值的95%

注：1. 生产厂应在相关的技术资料中明示产品匀质性指标的控制值；

2. 表中的 S 和 D 分别为含固量和密度的生产厂控制值。

（5）外加剂使用前应进行与胶凝材料适应性检验，检验方法参照《混凝土外加剂应用技术规范》（GB 50119—2013）中的附录 A。

（6）当混合使用高效减水剂、引气剂、缓凝剂、膨胀剂及其他外加剂时，应事先进行相容性试验。

（7）膨胀剂宜选用未经复合的硫铝酸盐类膨胀剂，应有类型（如煅烧型、复配型、复合型等）及性能的说明。其性能指标除应符合表 6-8 的要求外，还应符合《混凝土膨胀剂》（GB/T 23439—2017）的要求。

表 6-8 膨胀剂的技术要求

项目	指标（%）
限制膨胀率（水中 7d）	≥0.030
限制膨胀率（水中 7d 转干空 21d）	≥-0.010
28d 收缩率比	<100

（8）抗裂防水剂的性能指标除应符合表 6-9 的要求外，尚应符合《砂浆、混凝土防水剂》（JC 474—2008）和《混凝土膨胀剂》（GB/T 23439—2017）的要求。

表 6-9 抗裂防水剂的技术要求

项目	指标（%）
限制膨胀率（水中 7d）	≥0.030
限制膨胀率（水中 7d 转干空 21d）	≥-0.010
泌水率比	≤50
渗透高度比	≤35
28d 收缩率比	<100

6.4.5 拌合水

（1）混凝土拌合水应符合《混凝土用水标准》（JGJ 63—2006）的要求。

（2）水中不应含有影响水泥正常凝结与硬化的有害杂质及油脂、糖类、游离酸类、碱、盐、有机物或其他有害物质。

（3）混凝土拌和不得使用海水、污水和pH值小于5的酸性水，水中的氯离子含量应小于200mg/L，硫酸盐含量按SO_4^{2-}计小于500mg/L。

6.5 混凝土配制

（1）混凝土配合比设计以耐久性为核心，抗裂性与抗渗性并重，兼顾混凝土力学性能、工作性能等各项性能。

（2）混凝土配合比设计应根据不同结构部位、不同环境作用等级、不同设计要求和不同施工方法分别进行设计，通过对新拌混凝土工作性能、硬化混凝土力学性能以及耐久性指标的测定，确定以耐久性为目标的最终配合比。

（3）车站主体结构、地下区间和高架区间混凝土胶材用量和最大水胶比应满足表6-10中的规定。

表6-10 混凝土胶材用量及最大水胶比要求

混凝土强度等级	胶凝材料用量（kg/m³）	最大水胶比
C30	360~400	0.40
C35	370~420	0.40
C40	380~440	0.38
C50预制混凝土衬砌管片	400~450	0.35
C50其他	450~500	0.35
C55	450~500	0.35

（4）防水混凝土最低水泥用量不宜低于260kg/m³。

（5）车站和区间主体结构混凝土单方用水量不宜大于160kg/m³。预制混凝土衬砌管片单方用水量不宜大于150kg/m³。

（6）混凝土入模坍落度应根据施工部位和施工工艺确定。在满足施工工艺要求的前提下，应尽量选择较低的坍落度。车站主体结构混凝土入泵坍落度宜控制在160±20mm，扩展度宜为450±50mm；水下混凝土和配筋密集结构（如顶梁）难以振捣入泵坍落度宜控制在200±20mm，扩展度宜大于500mm。

（7）混凝土中应掺入矿物掺合料。单掺粉煤灰时，普通硅酸盐水泥混凝土中粉煤灰掺量不宜超过胶材总量的30%，预应力混凝土中粉煤灰掺量不宜大于20%。矿粉宜与粉煤灰复掺，掺合料总量不宜超过胶凝材料总量的50%。预制混凝土衬砌管片混凝土中，单掺粉煤灰时掺量不宜大于20%；矿粉与粉煤灰复掺时，掺合料总量不宜超过胶凝材料总量的30%。

（8）泵送混凝土砂率宜采用37%～45%，预制混凝土衬砌管片混凝土砂率宜采用35%～39%。在满足工作性要求的前提下，应尽量选择较小的砂率。

（9）泵送混凝土应进行坍落度、扩展度经时损失的检测，坍落度每小时损失不宜高于20mm。

（10）大体积混凝土宜选用缓凝型高性能减水剂，以推迟和削减水化热温峰。宜采用引气剂或引气型减水剂。混凝土含气量应经过试验确定，宜控制在2.0%～4.0%。

（11）为防止碱-集料反应发生，单方混凝土中总碱含量不应超过3.0kg/m³。

（12）钢筋混凝土中氯离子含量不应超过胶凝材料总量的0.10%，预应力钢筋混凝土中氯离子含量不应超过胶凝材料总量的0.06%。

（13）后浇带混凝土中宜掺入膨胀剂。对于有防水要求的底板、侧墙和顶板等结构宜掺入膨胀剂或抗裂防水剂。

（14）混凝土的试配强度应根据混凝土强度等级、生产施工水平的差异和变化以及材料质量可能的波动确定。C30以下混凝土试配强度不宜超出其设计强度的60%，C30及以上混凝土试配强度不宜超出设计强度的50%。

（15）在混凝土试配阶段，除进行抗压强度、抗渗等常规测试外，还应进行抗氯离子渗透性能（电通量或氯离子扩散系数）和抗裂性等耐久性试验。电通量可参照附录B，氯离子扩散系数RCM方法可参照附录C。对于有抗裂要求的，应进行混凝土抗裂性能对比试验。混凝土开裂评价试验方法可参照附录D。

（16）宜通过限制混凝土早期强度的发展有效控制早期热开裂。要求24h抗压强度不大于12MPa，对抗裂要求较高的构件，不宜高于10MPa；对于有预应力张拉的构件，此要求可适当放宽。C50预制混凝土衬砌管片不作此项要求。

（17）当水泥、矿物掺合料和集料的品种、质量有改变时，必须重新设计配合比。当环境或混凝土平均温度升高或降低超过15℃时，应考虑调整配合比。

（18）应控制混凝土入模温度。夏季混凝土最高入模温度不得超过32℃，宜控制在30℃内，冬天混凝土最低入模温度不得低于5℃。

（19）混凝土配合比报批资料应至少包含原材料检测报告、混凝土配合比设计报告、混凝土抗渗检测报告（有抗渗要求的）、混凝土电通量（或氯离子扩散系数）检测报告和混凝土抗裂性能（有抗裂要求的）检测报告。

6.6 混凝土施工

6.6.1 一般规定

(1) 大体积混凝土应在配合比确定后进行混凝土物理、热学性能的测定（如劈裂抗拉强度、绝热温升等），事先通过温度、应力计算，分析确定混凝土的浇筑温度、合理工序和养护方法，预测施工过程中温度与应力的发展，并提出合理的温控标准和温控措施。

(2) 明挖车站宜采用复合墙体系，围护结构与主体结构侧墙分离设置，中间设置柔性防水隔离层，避免侧墙结构混凝土硬化过程中受到地下连续墙约束而出现开裂，保证结构防水抗渗效果。

(3) 应优化施工方案，如分块、分段施工缝位置、浇筑顺序和后浇带的设置，以尽量减少新浇混凝土硬化收缩过程中的约束拉应力。

(4) 混凝土施工中，应采取以下关键措施保证质量：结构表层的振捣密实与均匀性；混凝土的良好养护；混凝土保护层厚度或钢筋定位的准确性，混凝土裂缝控制等。

6.6.2 混凝土拌和

(1) 混凝土的拌制应在预拌混凝土工厂内用强制式混凝土搅拌机拌制。

(2) 各组成材料的计量器具应经计量部门检定合格，并保持灵敏、可靠的良好工作状态。混凝土的各组成材料均应按质量计，计量偏差不得超过表 6-11 中的规定值。

表 6-11 混凝土各组分计量的允许偏差

材料名称	水泥、掺合料	粗、细集料	水及液体减水剂
允许偏差	±1%	±2%	±1%

(3) 拌制混凝土期间，宜采取措施保持砂石集料具有稳定的含水率，保证实际生产混凝土的用水量及水胶比与配合比保持一致。每一工作班内应测定砂石含水率至少 1 次。当含水量有较大变化时，以及雨天施工时，应增加测定次数，依据检测结果及时调整生产配合比。

(4) 在拌制混凝土时，应清洗搅拌机、运输车、泵送设备和输送管道等设备；严禁在不清楚设备的情况下交替拌制聚羧酸和非聚羧酸系减水剂混凝土。

(5) 混凝土的搅拌时间要适当延长，总搅拌时间不得少于 90s。每一工作班至少应抽检两次。

（6）混凝土的坍落度应在搅拌站和浇筑地点分别取样检测，每一工作班不应少于两次，如有疑问，可随时检测。评定时应以浇筑地点测量值为准。在搅拌站和浇筑地点检测坍落度时，还应观察混凝土的和易性，不得泌水、离析和分层。

（7）混凝土应在浇筑现场测定拌合料的含气量，以及泵送和振捣过程造成的含气量损失。对同批次混凝土每台班不少于1次。

6.6.3 混凝土运输

（1）应做好施工准备和预案，混凝土搅拌设备、运输能力与输送设备相匹配，确保混凝土浇筑连续进行。

（2）混凝土拌合物输（泵）送到浇筑地点时，应不离析、不分层，并应保证施工要求的工作性。

（3）运输及暂存混凝土的容器应不渗漏、不吸水，每天工作后或浇筑中断超过30min时予以清洗干净。

（4）必要时应对运输设备采取保温隔热措施，防止混凝土在运输过程中温度升高（夏季）或降低（冬季）。

（5）应尽量减少混凝土运输和等候时间、转载次数。混凝土从搅拌机卸出到浇筑完毕宜控制3h。

（6）混凝土运至交货地点，如发现坍落度允许偏差超过±20mm时，由供货单位进行二次流化，使坍落度符合要求。严禁通过加水调整坍落度。

6.6.4 混凝土浇筑

（1）混凝土浇筑前，应做好如下准备工作：

① 模板安装应按国家标准《地下铁道工程施工质量验收标准》（GB 50299—2018）执行，确保安装牢固。夏季施工时，对于车站墙体和桥梁等易裂结构宜优先采用钢模板。

② 应对支架、模板、钢筋、保护层和预埋件等分别进行检查验收。为保证构件保护层厚度符合要求，宜采用工程塑料制作的高强保护层定位夹或高强耐久专用砂浆保护层垫块。模板内的杂物、积水和钢筋上的污垢应清理干净。模板如有缝隙、应堵塞严密，模板内表面应涂刷脱模油。

（2）混凝土入模坍落度应根据施工部位和施工工艺确定。预制构件（不含预制盾构预制混凝土衬砌管片）坍落度宜小于120mm。隧道二衬、箱梁（含预制梁）

以及配筋密集的顶梁等难以振捣部位的混凝土入泵坍落度宜控制在 200±20mm 或采用自密实混凝土。其他部位现浇混凝土入泵坍落度宜控制在 160±20mm。

（3）应控制混凝土的出机口温度，保证浇筑温度满足温控标准的要求，出机口温度和浇筑温度按附录 D 计算。混凝土浇筑温度应视气温而调整，在炎热气候下不宜高于 30℃，冬季不得低于 5℃。

（4）厚度大于 800mm 的底板（含底梁）、厚度大于 500mm 的侧墙和顶板，必须按大体积混凝土考虑，并采取缓凝措施，且缓凝时间不宜少于 20h。

（5）当日平均气温超过 20℃时，对厚度大于 300mm 的墙体，或断面最小尺寸大于 300mm 的柱，浇筑前应预先冷却模板，浇筑后继续保持模板冷却，其方法有覆盖湿麻布或草袋、喷雾或淋水等。

（6）混凝土分层浇筑厚度不应超过 300mm。混凝土浇筑应连续进行，如因故间断，间断时间应小于前层混凝土的初凝时间。因故中断浇筑，应按施工缝要求对界面混凝土进行凿毛处理后方可浇筑上层混凝土。

（7）混凝土落下的高度不得超过 2m，超过 2m 时应采用导管或溜槽，超过 10m 时应采用减速装置。导管或溜槽应保持干净，使用过程要避免混凝土离析。

（8）混凝土布料应均匀，泵送下料口应及时移动，不得用振捣棒赶料。

（9）混凝土浇筑后应立即进行振捣，使之形成密实、均匀的整体。宜采用高频振捣器，振捣器要垂直插入混凝土内，并要插至前一层混凝土，以保证新浇混凝土与旧混凝土结合良好，插进深度一般为 50~100mm。

（10）混凝土的振捣一定要严格按施工操作规程进行，振捣棒要快插慢拔，不能漏振、欠振和过振，以混凝土表面出现浮浆和不再沉落为度。

（11）明挖车站、通道、风道的底板、中楼板和顶板，暗挖车站、区间（含折返线）、通道和风道的仰拱，混凝土浇筑完毕后，在混凝土终凝前应进行多次抹压并进行覆盖。

6.6.5 混凝土养护与拆模

（1）混凝土振捣完成后应立即对混凝土进行养护。

（2）对墙体和柱体结构，拆模前可在适当时间松动模板，向模板内淋水养护，直至拆模。拆模后，可采用涂刷养护剂或覆盖喷水方法养护。涂刷养护剂时，必须边拆模边涂刷，不得延误涂刷时间或漏刷。覆盖喷水养护时，应防止风吹混凝土表面，保持混凝土表面湿润。

（3）明挖车站、通道、风道的底板、中楼板和顶板混凝土浇筑完毕抹面后，应立即严密覆盖，终凝后潮湿养护，宜采用蓄水养护，蓄水厚度不宜小于

200mm。底模拆除后，应保持混凝土表面湿润，避免上下表面有较大的湿度和温度差。

（4）混凝土养护水应与拌和用水相同，且应控制养护用水的水温，养护水温度与混凝土表面温度之差不宜大于15℃，不可将冷的自来水直接浇于混凝土，可将养护水加热或喷雾养护。

（5）根据气候条件采取温控措施，应按需要测定浇筑后的混凝土表面和内部温度，将温差控制在设计要求的范围以内；当设计无具体要求时，混凝土内部和表面温差不宜超过20℃。混凝土日平均降温速率不宜超过2℃/d。

（6）在已浇筑的混凝土强度未达到1.2MPa以前，不得在其上踩踏或安装模板及支架。

（7）混凝土拆模时的强度应符合设计要求；同时还应满足混凝土温控防裂要求，一般情况下，拆模时混凝土的内表温差应小于25℃，当混凝土表面与气温差小于20℃、大风或气温急剧变化时不宜拆模。在炎热和大风干燥季节，应采取逐段拆模、边拆边覆盖的方式。

（8）明挖车站、通道、风道的侧墙，拆模时间不宜少于3d。拆模后应进行湿养护，湿养时间不应少于14d。

6.6.6 施工缝与后浇带

（1）混凝土施工缝的留置及处理应符合《地下铁道工程施工质量验收标准》（GB/T 50299—2018）的规定。

（2）明挖车站、通道、风道等结构混凝土应设施工缝分段浇筑，底板分段长度不宜超过24m，侧墙和顶板分段长度应符合设计要求。宜采用分段跳槽或设后浇带的方法施工。

（3）底板上连续浇筑墙体结构时，水平施工缝宜设置在距墙底不小于1m的位置。

（4）施工缝表面要凿毛，剔除浮石、浮浆和杂物等，清理干净，用水冲刷后，在表面铺上厚度为20~25mm的与混凝土同配合比的砂浆或涂刷环氧树脂类的界面剂，然后继续浇筑混凝土。当有防水要求时，施工缝要设置防水带等构造措施，具体细部做法按设计图纸或相关规范规定执行。

（5）后浇带混凝土采用微膨胀混凝土或者增设构造加强筋，采用微膨胀混凝土时应蓄水养护，养护时间不少于14d。

（6）结构合拢时间宜选在全年温度较低的季节，以降低结构降温引起的拉应力。

6.6.7 夏季施工

(1) 集料堆场采用遮阳、堆高或喷淋（针对粗集料）等降温措施，有条件时，采用风冷粗集料、液氮冷却混凝土等降温措施。

(2) 使用低温水拌和混凝土，如使用制冷机组制冷水或在水中加片冰、冰屑等，但应避免混凝土中有未融化的冰块。

(3) 优化夏季施工配合比，尽量降低混凝土水化热温升。

(4) 对配料、搅拌、运送、泵送及其他设备遮荫或冷却。

(5) 合理安排工期，混凝土施工尽量避开高温，利用温度较低时段施工。

(6) 提高混凝土浇筑能力，缩短混凝土运输车的暴露时间。

6.6.8 预制混凝土衬砌管片施工

(1) 预制混凝土衬砌管片施工应符合《预制混凝土衬砌管片》（GB/T 22082—2017）的规定。

(2) 组模前模具内表面用海绵及胶片清理干净混凝土残积物，严禁使用铁器刮铲；清理外表面时，特别要清除控制模具水平的所有点位的混凝土残积物。

(3) 模具清理干净后，由专人负责在模具内表面涂抹专用的脱模剂（油），并用棉纱清理两端底部淌流的脱模剂（油）。

(4) 钢筋笼放入模具后要检查周侧、底部保护层是否符合要求，预埋件位置是否准确。顶部注浆管要拧紧，防止其在混凝土振捣时出现松动或上浮脱落。

(5) 预制混凝土衬砌管片坍落度冬季宜控制在 30～50mm，夏季宜控制在 50～70mm。

(6) 混凝土宜分批下料、分层振捣。振动至以混凝土表面不泛大气泡为宜，一般为 4～6min，最多不宜超过 10min。采用插入式振动器振捣时，严禁触碰灌浆孔螺栓。

(7) 混凝土抹面时打开面板的时间应随气温及混凝土凝结情况而决定。先用压板刮平外弧面进行粗磨，待混凝土收水后使用灰匙进行光面，最后用铁铲精工抹平。

(8) 预制混凝土衬砌管片蒸汽养护制度应通过试验确定，升温速度不宜超过 15℃/h，降温速度不宜超过 20℃/h；恒温最高温度不宜超过 60℃。蒸养过程中应定时进行测温并记录。采用蒸养房蒸养时，应在各区间（静养、升温、恒温和降温）用门帘隔开。

(9) 预制混凝土衬砌管片脱模时强度应大于 15MPa，且混凝土温度与环境温度之差应小于20℃。

（10）预制混凝土衬砌管片拆模降温后宜置于水池中养护7d以上；出水后应采用覆盖保湿养护，整个养护过程时间不得少于14d。

（11）预制混凝土衬砌管片脱模强度、出厂强度、28d评定强度、抗水压渗透和抗氯离子渗透试验试件应在浇筑地点随机取样。脱模强度、出厂强度宜根据同条件养护的标准尺寸试件的混凝土强度确定；28d评定强度试件随预制混凝土衬砌管片同条件蒸养后转入标准养护至28d。

6.6.9 施工期监测

（1）大体积混凝土内应留测温孔或埋设温度传感器，监测混凝土浇筑温度、内部最高温度、环境温度等参数，同时监控内表温差和降温速率，及时记录监测数据，并从混凝土原材料的温度、入模温度、缓凝措施、掺合料的掺量、保温养护等方面及时调整和优化温控措施。

（2）应持续监测地下结构沉降量，发现不均匀沉降必须采取措施控制沉降量，避免引起结构开裂。

（3）发现裂缝应记录裂缝出现的时间、部位、尺寸及发展情况直至裂缝稳定（可在裂缝处打上石膏观察裂缝是否发展），并分析裂缝出现的原因，考虑应对措施。

6.6.10 混凝土质量检验

（1）混凝土原材料进厂后，应对水泥、矿物掺合料、集料、外加剂和水的品种、规格、数量以及质量证明书等进行验收核查，并按照相关规范要求取样复检。水泥供应商应提供水泥熟料的化学成分和矿物组成、混合材的种类和掺量等资料。混凝土原材料的品质指标应符合要求。对于检验不合格的原材料，应按有关规定能够清除出厂（场）。

（2）混凝土施工过程中，施工单位应按表6-12的要求，对水泥、矿物掺合料、集料、外加剂、拌合水等主要原材料的品质进行日常批量检验。监理单位依照相关规范要求，按照施工单位检验的比例进行抽检。

表6-12 原材料检验项目及检验频率

原材料名称	检验项目	检验频次
水泥	比表面积、凝结时间、安定性、胶砂强度	同厂家、同编号、同品种、同强度等级、同出厂日期的散装水泥每500t检验一次，当不足500t时也需检验一次

续表

原材料名称	检验项目	检验频次
粉煤灰	细度、烧失量、需水量比	同厂家、同编号、同品种、同强度等级、同出厂日期的粉煤灰每120t检验一次，当不足120t时也需检验一次
矿渣粉	比表面积、流动度比	同厂家、同编号、同品种、同强度等级、同出厂日期的矿渣粉每120t检验一次，当不足120t时也需检验一次
粗集料	颗粒级配、压碎值指标、针片状颗粒含量、含泥量、泥块含量	连续供应同厂家、同规格的细集料400m³（或600t）检验一次，不足400m³（或600t）时也需检验一次
细集料	细度模数、含泥量、泥块含量、云母含量、轻物质含量、有机物含量	连续供应同厂家、同规格的细集料400m³（或600t）检验一次，不足400m³（或600t）时也需检验一次
外加剂	减水率、坍落度保留值、凝结时间差、抗压强度比	同厂家、同批号、同品种产品每50t检验一次，不足50t也需检验一次

（3）施工过程中应对混凝土工作性、强度、抗渗等级（有抗渗要求）等性能进行检验。检验项目、检验频次应满足国家相关标准要求。监理单位应按照相关规定进行见证试验。

（4）施工过程中应对混凝土进行耐久性能指标检验。除有特殊耐久性设计要求的混凝土外，施工单位应对同标段、同配合比每2000m³混凝土取样一次，不足2000m³混凝土也应取样一次。监理单位见证取样和送检比例不得低于施工单位取样数量的30%。

（5）对施工过程中检验混凝土工作性、抗压强度、抗渗等级和耐久性能的检验试块应在浇筑地点从混凝土罐车中随机抽取，同一批试块应从同一盘混凝土中取样。

6.7 本规程用词用语说明

（1）为便于在执行本规程条文时区别对待，对要求严格程度的用词说明如下：

① 表示很严格，非这样做不可：
正面词采用"必须"；
反面词采用"严禁"。

② 表示严格，在正常情况下均应该这样做：

正面词采用"应"；

反面词采用"不应"或者"不得"。

③ 对表示允许稍有选择，在条件许可时首先应这样做：

正面词采用"宜"或"可"；

反面词采用"不宜"。

（2）条文中指定应按其他有关标准规范执行时，写法为："应按……执行"或"应符合……的规定或要求"。

附录 A 矿物掺合料抑制碱-集料反应有效性试验方法

A.1 范围

本方法适用于评定矿物掺合料抑制混凝土碱-硅酸反应的有效性。

A.2 原理

将具有碱-硅酸反应活性的集料与硅酸盐水泥、工程实际使用的矿物掺合料及复合外加剂制成砂浆试件，在80℃、1mol/L NaOH 溶液中养护，若砂浆试件28d 龄期时的长度膨胀率不大于0.10%，则将矿物掺合料及专用复合外加剂抑制混凝土的碱-硅酸反应评定为有效。

A.3 主要试验设备及材料

（1）比长仪：量程275～300mm，精度0.01mm。
（2）恒温水浴或烘箱：温度为（80±2）℃。
（3）硅酸盐水泥：42.5级 P·Ⅰ型硅酸盐水泥，碱含量不大于0.80%。当水泥的碱含量小于0.80%时，应通过外加 NaOH（分析纯）的方式使水泥的碱含量达到0.80%。

A.4 实验室温度和湿度

实验室温度为（20±2）℃（特别说明的除外），相对湿度大于50%。

A.5 试验步骤

(1) 集料的制备。粗集料应全部破碎至 5mm 以下，细集料应将大于 5mm 的部分破碎至 5mm 以下，集料筛分后分级洗净烘干后备用。

(2) 称料。将置于 (20±2)℃ 环境中存放 24h 后的原材料按骨灰比为 2.25:1 的比例进行称料（一组 3 个试件应称取集料 900g，水泥、掺合料和复合外加剂共计 400g），其中矿物掺合料与复合外加剂的用量应参照工程配合比进行计算，集料的各级配用量应按照表 A-1 进行称取，用水量应以 10 次/6s 砂浆流动度为 105~120mm 进行控制。

表 A-1 集料级配表

筛孔尺寸（mm）	5.0~2.5	2.5~1.25	1.25~0.63	0.63~0.315	0.315~0.16
分级质量（%）	10	25	25	25	15
分级质量（g）	90	225	225	225	135

(3) 搅拌。按《水泥胶砂强度检验方法（ISO 法）》（GB/T 17671—1999）规定的程序搅拌砂浆。

(4) 成型。将砂浆分两层装入试模内。试模装入砂浆后先用小刀来回划匀胶砂（装入第二层砂浆时，划入深度应透过第一层砂浆的表面），然后用捣棒在试模内顺序往返各捣压 20 次。捣压完毕，将试件表面抹平、编号并标明测定方向。

每组试件按上述方法制作 3 条试件。

注：当工程中仅是粗集料具有碱-硅酸反应活性时，只取粗集料按上述要求成型一组试件；当工程中仅是细集料具有碱-硅酸反应活性时，只取细集料按上述要求成型一组试件；当工程用粗、细集料均具有碱-硅酸反应活性时，分别取粗、细集料按上述要求成型两组试件。

(5) 拆模。试件成型后应放入标准养护室内养护 (24±2) h 后进行拆模。取出试模并小心脱模后，迅速将试件放入养护容器的试件架上。

(6) 预养护。拆模后的试件应迅速放入 80℃ 的水溶液中预养 (24±2) h。

(7) 养护与测长。将经过预养护的试件进行初长测试后迅速放入 80℃、1mol 的 NaOH 养护液中进行养护（养护容器中试件养护液的体积与试件的体积比应为 4:1）。分别在 3d、7d、14d、21d、28d 龄期时测量试件的长度。试件长度的测量时间（从养护液中取出起计）应控制在 15s 以内。每次测量时，应仔细观察试件表面的变化情况，包括变形、裂缝、表面沉积物或渗出物等。

A.6 结果计算与处理

（1）试件长度膨胀率按下式计算：

$$\sum_t = \frac{L_t - L_0}{L_0 - 2\Delta} \times 100\%$$

式中 $\sum_t$——试件在第 t 天龄期时的长度膨胀率，%，精确至 0.01%；

L_t——试件在第 t 天龄期时的长度（mm）；

L_0——试件的初长（mm）；

Δ——测头的长度（mm）。

（2）当试件的长度膨胀率与同组试件长度膨胀率的算术平均值之差符合下述两种情况之一的要求时，取 3 个试件长度膨胀率的算术平均值作为试件长度膨胀率：

① 当平均值小于或等于 0.05% 时，单个试件长度膨胀率与平均值之差的绝对值均小于 0.01%；

② 当平均值大于 0.05% 时，单个试件长度膨胀率与平均值之差均小于平均值的 20%。

（3）当单个试件的长度膨胀率与 3 个试件长度膨胀率的算术平均值之差不符合上述要求时，去掉 3 个试件长度膨胀率的最小值，取剩余 2 个试件长度膨胀率的算术平均值作为试件长度膨胀率。

A.7 结果评定

当工程中仅是粗集料具有碱-硅酸反应活性时，若取粗集料按本方法试验的 28d 龄期试件长度膨胀率小于 0.10%，则将矿物掺合料和复合外加剂抑制混凝土碱-硅酸反应评定为有效。

当工程中仅是细集料具有碱-硅酸反应活性时，若取细集料按本方法试验的 28d 龄期试件长度膨胀率小于 0.10%，则将矿物掺合料和复合外加剂抑制混凝土碱-硅酸反应评定为有效。

当工程中粗、细集料均具有碱-硅酸反应活性时，若分别取粗、细集料按本方法试验的 28d 龄期试件长度膨胀率均小于 0.10%，则将矿物掺合料和复合外加剂抑制混凝土碱-硅酸反应评定为有效。

附录 B 混凝土电通量标准试验方法

B.1 适用范围

（1）本试验方法以电量指标来快速测定混凝土的抗氯离子渗透性。适用于检验混凝土原材料和配合比对混凝土抗渗透性的影响，也可用来间接评价混凝土的密实性。

（2）本试验方法适用于直径为（95±2）mm，厚度为（51±3）mm 的素混凝土试件或芯样。

（3）本试验方法不适用于掺亚硝酸钙的混凝土。掺其他外加剂或表面处理过的混凝土，当有疑问时，应进行氯化物溶液的长期浸渍试验。

B.2 试验原理

在直流电压作用下，氯离子能通过混凝土试件向正极方向移动，以测量流过混凝土的电荷量反映渗透混凝土的氯离子量。

B.3 试验设备及材料

（1）试验装置如图 B-1 所示。
（2）仪器设备应满足下列要求：
① 直流稳压电源，可输出 60V 直流电压，精度 ±0.1V；
② 塑料或有机玻璃试验槽，其结构尺寸如图 B-2 所示；
③ 铜网为 20 目；
④ 数字式电流表，量程 20A，精度 ±1.0%；
⑤ 真空泵，真空度可达 133Pa 以下；
⑥ 真空干燥器，内径≥250mm。
（3）试验用材料：
① 分析纯试剂配制的 3.0% 氯化钠溶液；

② 用分析纯试剂配制的 0.3mol/L 氢氧化钠溶液；
③ 硅橡胶或树脂密封材料。

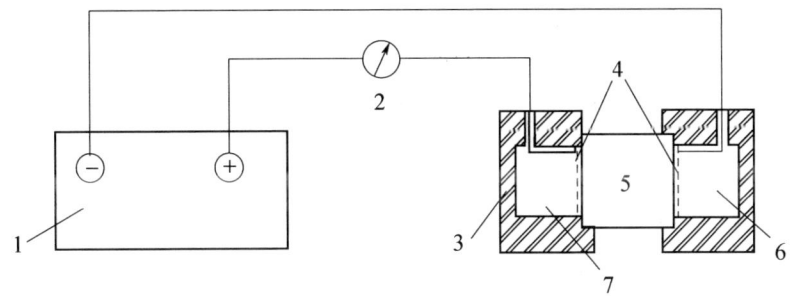

图 B-1 试验装置示意图
1—直流稳压电源；2—电流表；3—试验槽；4—铜网；
5—混凝土试件；6—3% NaCl 溶液；7—0.3mol/L NaOH 溶液

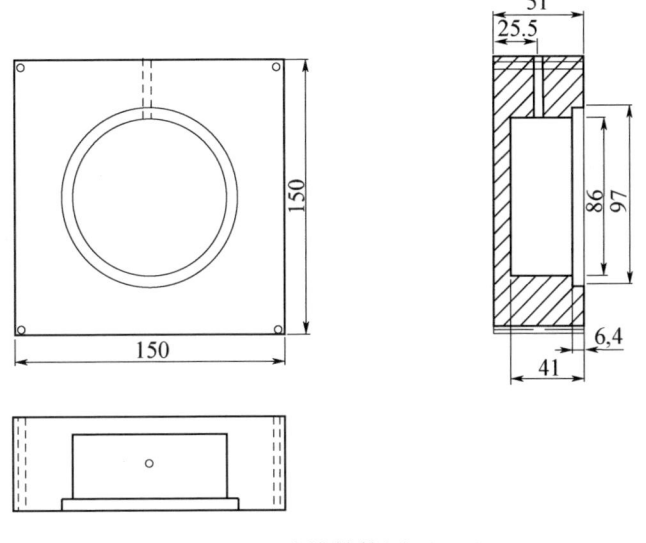

图 B-2 试验槽结构图（mm）

B.4 试验步骤

（1）制作直径为 95mm，厚度为 51mm 的混凝土试件，在标准条件下养护 56d，试验时以三块试件为一组。

（2）将试件暴露于空气中至表面干燥，以硅橡胶或树脂密封材料施涂于试件侧面，必要时填补涂层中的孔洞以保证试件侧面完全密封。

（3）测试前应进行真空饱水。将试件放入 1000mL 烧杯中，然后一起放入真空干燥器中，启动真空泵，数分钟内真空度达 133Pa 以下，保持真空 3h 后，维持这一真空度注入足够的蒸馏水,直至淹没试件,试件浸泡 1h 后恢复常压,再继续浸泡 18±2h。

（4）从水中取出试件,擦掉多余水分,将试件安装于试验槽内,用橡胶密封环或其他密封胶密封,并用螺杆将两试验槽和试件夹紧,以确保不会渗漏,然后将试验装置放在 20～23℃的流动冷水槽中,其水面宜低于装置顶面 5mm,试验应在 20～25℃恒温室内进行。

（5）将浓度为 3.0% 的 NaCl 溶液和 0.3mol/L 的 NaOH 溶液分别注入试件两侧的试验槽中,注入 NaCl 溶液的试验槽内的铜网连接电源负极,注入 NaOH 溶液的试验槽中的铜网连接电源正极。

（6）接通电源,对上述两铜网施加 60V 直流恒电压,并记录电流初始读数 I_0,通电并保持试验槽中充满溶液。开始时每隔 5min 记录一次电流值,当电流值变化不大时,每隔 10min 记录一次电流值；当电流变化很小时,每隔 30min 记录一次电流值,直至通电 6h。

B.5 结果计算

（1）绘制电流与时间的关系图。将各点数据以光滑曲线连接起来,对曲线作面积积分,或按梯形法进行面积积分,即可得试验 6h 通过的电量。当试件直径不等于 95mm 时,则所得电量应按截面面积比的正比关系换算成直径为 95mm 的标准值。

（2）取同组 3 个试件通过的电量的平均值,作为该组试件的通电量来评定混凝土抗渗透性。当 3 个试件中有 1 个超过平均值的 15% 时,取另 2 个试件的平均值作为该组试件的电通量。当 3 个试件中有 2 个超过平均值的 15% 时,则该次试验无效。

附录 C 混凝土氯离子扩散系数快速测定方法（RCM）

C.1 试验目的

本试验用于测定非稳态电迁移试验中混凝土、水泥或者水泥基修补材料中氯离子扩散系数。定量评价混凝土抵抗氯离子扩散的能力，为氯离子侵蚀环境中的混凝土结构耐久性设计以及使用寿命的评估与预测提供基本参数。

C.2 适用范围

本试验方法适用于集料最大粒径不大于25mm（一般不宜大于20mm）的实验室制作的或者从实体结构取芯的混凝土试件，通过测量混凝土试件的氯化物的渗透深度来判断氯离子扩散系数。

C.3 试验原理

利用外加电场的作用使试件外部的氯离子向试件内部迁移。经过一段时间后，将该试件沿轴向方向劈裂，在新劈开的断面上喷射硝酸银溶液，根据生成的白色氯化银沉淀测量氯离子渗透的深度，以此计算出混凝土氯离子扩散系数。

C.4 试剂、设备及仪器

（1）试剂
① 蒸馏水或者去离子水；
② 氢氧化钙（分析纯）；
③ 氯化钠（化学纯）；
④ 氢氧化钠（化学纯）；

⑤ 显色指示剂：0.1mol/L $AgNO_3$ 溶液。

（2）非稳态氯离子扩散系数试验仪

① 橡胶套筒（6个）；

② 不锈钢管卡（12个）；

③ 电解质水槽（6个）；

④ 阴、阳极（各6个）；

⑤ 导线（12m）。

（3）辅助设备

① 切割机；

② 真空容器：至少可以放入3个试件；

③ 真空泵：能够维持容器中的压力小于50mbar（5000Pa）；

④ 温度计或可读热电偶：精确到±1℃；

⑤ 压力试验机；

⑥ 喷瓶。

C.5　试验方法

C.5.1　试件制作

本试验所需试件尺寸为 $\phi100 \times 100mm$。可用现场取样 $150mm \times 150mm \times 150mm$ 试件，经84d标准养护后钻芯取样制作，也可用 $\phi100 \times 100mm$ 的圆柱体钢模按标准方法成型，或对现场硬化混凝土钻芯取样获得。试件成型后立即用塑料薄膜覆盖并放入标准养护室，24h后拆模并进行标准养护。至养护龄期沿试块中间切成两个 $\phi100 \times 50mm$ 的圆柱形试件（试件在实体混凝土结构中钻取时，应先切割成标准试件尺寸，再在标准养护室水池中浸泡72h，方可进行试验）。用刷子清洗试件表面缝隙里面的浮灰，擦去试件表面多余的水分。当试件达到表面干燥的状态后，把试件放入真空容器中进行抽真空处理。

C.5.2　抽真空

抽真空时，每个试件的表面必须都暴露在真空中，在几分钟内将真空容器中的绝对压力减少到1~5kPa，维持该压力3h。然后，在保持真空泵工作的同时，将饱和氢氧化钙溶液（将氢氧化钙溶解在蒸馏水或去离子水中）吸入真空容器，浸没所有试件。1h后，放入空气，再经过 $18 \pm 2h$ 后取出试块进行试验。

C.5.3 试件安装

将试块取出后用干抹布擦干表面水分,测量试块的厚度,记录该数值 L,当试件达到表面干燥的状态后将试件塞进橡胶套筒内,新鲜的切割面朝下,用两个不锈钢管卡将试块与橡胶套筒箍紧以确保不渗漏)。配制 10% 的氯化钠溶液约 12L(将 100g 氯化钠溶解在 900g 自来水中)放入阴极电解质水槽中。测量此时氯化钠溶液的温度 T_0。配制 $0.3N$ 的氢氧化钠溶液(将 12g 氢氧化钠溶解在 1L 蒸馏水或去离子水中),倒入橡胶套筒内约 300mL,将套筒放入阴极电解质水槽中。按图 C-1 所示用导线和鳄鱼夹将阴极、阳极与电源的负极、正极相连。每次试验平行比较 6 个试件,分别与电源的 6 个接口相连。试件安装见图 C-1、图 C-2、图 C-3、图 C-4。

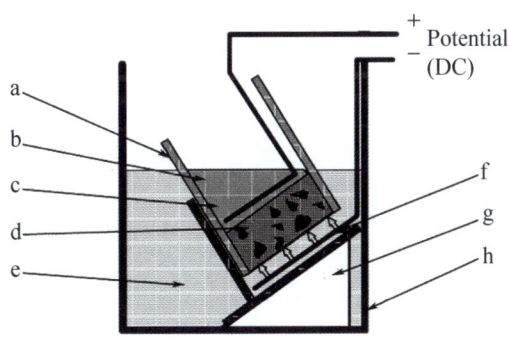

图 C-1 非稳态氯离子扩散系数实验仪装置图

a—橡胶套筒;b—阳极液;c—阳极(不锈钢网);d—试块;e—阴极液;
f—阴极(不锈钢板);g—有机玻璃支撑;h—有机玻璃箱

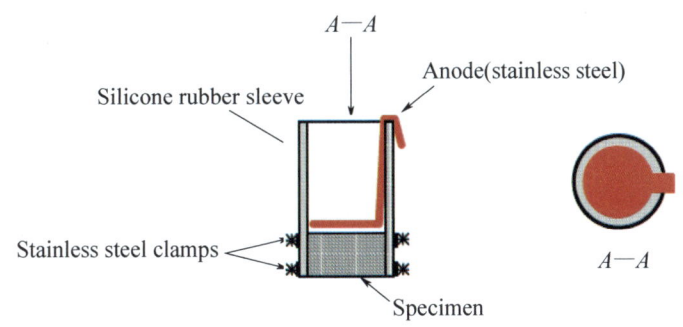

图 C-2 橡胶套筒、试件、不锈钢管卡和阳极

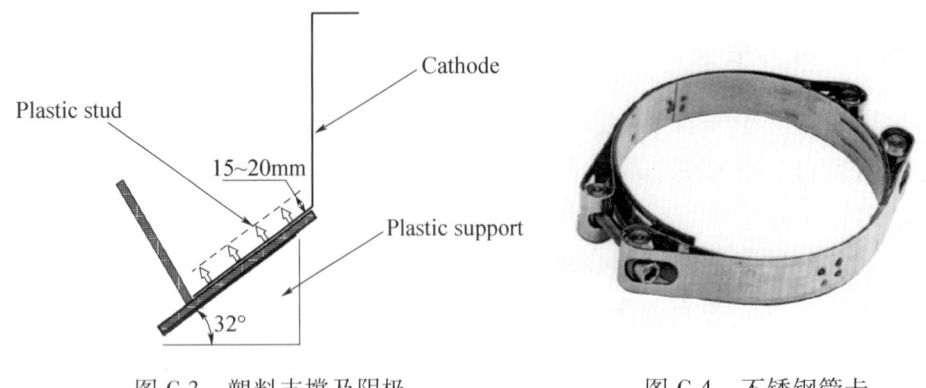

图 C-3　塑料支撑及阴极　　　　图 C-4　不锈钢管卡

C.5.4　电迁移试验过程

开启电源，调节各回路电压到30V，分别观察各回路初始电流 I_{30V}。根据初始电流从表C-1中选择最终电压及加压时间，记录每一个试件的新电流 I_0、试验周期 t 及试验电压 U。

表 C-1　初始电流与所加电压及时间关系表

初始电流 I_{30V}（mA）	试验电压 U（V）	可能的新电压 I_0（mA）	试验时间 t（h）
$I_0 < 5$	60	$I_0 < 10$	96
$5 \leqslant I_0 < 10$	60	$10 \leqslant I_0 < 20$	48
$10 \leqslant I_0 < 15$	60	$20 \leqslant I_0 < 30$	24
$15 \leqslant I_0 < 20$	50	$25 \leqslant I_0 < 35$	24
$20 \leqslant I_0 < 30$	40	$25 \leqslant I_0 < 40$	24
$30 \leqslant I_0 < 40$	35	$35 \leqslant I_0 < 50$	24
$40 \leqslant I_0 < 60$	30	$40 \leqslant I_0 < 60$	24
$60 \leqslant I_0 < 90$	25	$50 \leqslant I_0 < 75$	24
$90 \leqslant I_0 < 120$	20	$60 \leqslant I_0 < 80$	24
$120 \leqslant I_0 < 180$	15	$60 \leqslant I_0 < 90$	24
$180 \leqslant I_0 < 360$	10	$60 \leqslant I_0 < 120$	24
$I_0 \geqslant 360$	10	$I_0 \geqslant 120$	6

C.5.5 氯离子扩散深度测定

（1）试验结束后测量氯化钠溶液的温度 T_1。

（2）取出试件并用自来水冲洗试件表面，再用干抹布擦干表面，立即用压力试验机沿轴向劈裂成两半。

（3）在新劈裂的断面喷涂 0.1M 的硝酸银溶液，放置 15min 后，有明显的白色氯化银沉淀出现。

（4）用两脚规及一个合适的直尺测量渗透深度。从正中间向两边每隔 10mm 测量一个数据，共得到 7 个数据。如图 C-5 所示位置得到测定值（数据精确到 0.1mm）。记录这 7 个数据的平均值 X_d。

（5）试验结束时，先关闭电源，断开导线，取出试件筒，倒出 NaOH 溶液，松开环箍螺钉，然后从上向下移出试件。

（6）试验数据填入试验原始记录表（表 C-2）。

表 C-2 显色深度计算表

试件编号	直径（mm）	高度（mm）	电压（V）	通电时间（h）	溶液温度（℃）	显色深度（mm）							
						1	2	3	4	5	6	7	8
1													
2													
3													

C.5.6 计算非稳态氯离子扩散系数

$$D_{\mathrm{nssm}} = \frac{0.0239(273+T)L}{(U-2)t}\left(X_d - 0.0238\sqrt{\frac{(273+T)LX_d}{U-2}}\right)$$

式中　D_{nssm}——非稳态氯离子扩散系数（$\times 10^{-2} \mathrm{m}^2/\mathrm{s}$）；

U——试验中使用的电压（V）；

T——T_0 与 T_1 的平均值（℃）；

L——试件的厚度（mm）；

X_d——渗透深度的平均值（mm）；

t——通电时间（h）。

一组试样的混凝土氯离子扩散系数为 3 个试样的算术平均值。如任一个测值与中值的差值超过中值的 15%，则取中值为测定值；如有两个测值与中值的差值都超过中值的 15%，则该组试验结果无效。

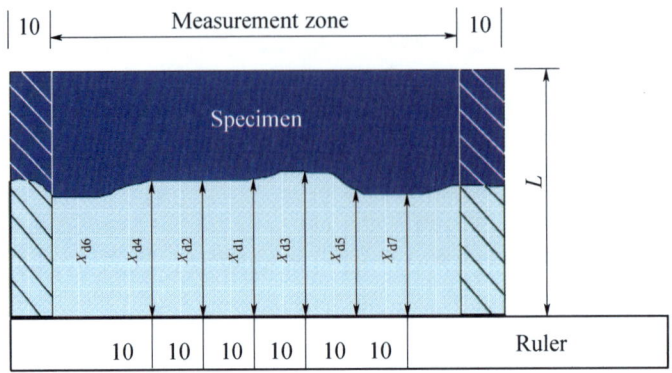

图 C-5　氯离子渗透深度测量示意图（mm）

附录 D 混凝土抗裂性能试验——平板试件

本试验参考日本笠井芳夫教授提出的测试方法，可作为选用混凝土原材料和配合比时对不同混凝土的抗裂性进行对比。

D.1 试件

试件尺寸为 600mm×600mm×63mm，用于浇筑试件的钢制模具见图 D-1。模具的四边用 10/6.3 不等边角钢制成，每个边的外侧焊有四条加劲肋，模具四边与底板通过螺栓固定在一起，以提高模具的刚度；在模具每个边上同时焊接（或用双螺帽固定）两排共 14 个 $\phi 10\text{mm} \times 100\text{mm}$ 螺栓（螺纹通长）伸向锚具内侧。两排螺栓相互交错，便于浇筑的混凝土能填充密实。当浇筑后的混凝土平板试件发生收缩时，四周将受到这些螺栓的约束。在模具底板的表面铺有低摩阻的聚四氟乙烯片材。模具作为试验装置的一个部分，试验时与试件连在一起。

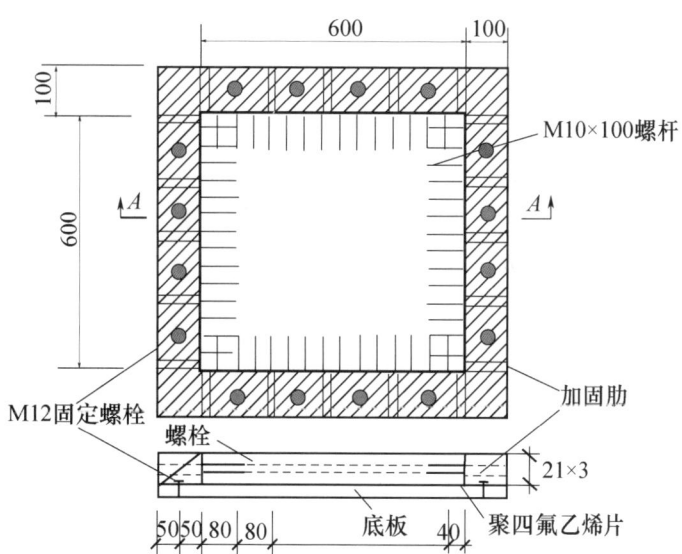

图 D-1　平板试件模具示意图与照片

按预定配比拌和混凝土，每组试件至少 2 个。试件按规定条件养护。

试件混凝土的集料最大粒径可到 20mm 或 25mm。试件的平面尺寸与厚度也可根据粗集料的最大粒径等不同情况变化。

D.2　开裂试验

试件浇筑、振实、抹平后，可结合工程对象的具体情况选定试件的养护方法和试验观察的起始与终结时间以及试验过程中的环境条件（温度、湿度、风速），从而评定混凝土包括塑性收缩、干燥收缩和自收缩影响在内的早期开裂倾向。用作抗裂性评价的主要依据为试验中观察记录到的试件表面出现每条裂缝的时间尤其是初裂时间，裂缝的最大宽度，裂缝数量与总长等。

以下为日本笠井芳夫的试验步骤与评价方法。

D.2.1　试验步骤

试件浇筑后立即用塑料薄膜覆盖，保持环境温度为 30℃，相对湿度为60%；2h 后将塑料薄膜取下，用风扇吹混凝土表面，风速 8m/s；然后开始观察平板表面的裂缝发生过程，记录试件开裂时间、裂缝数量、裂缝长度和宽度。从浇筑起，记录至 24h。根据 24h 开裂情况，计算下列 3 个参数：

（1）裂缝的平均裂开面积

$$a = \frac{1}{2N} \sum_{i}^{N} W_i \cdot L_i \ (mm^2/根)$$

（2）单位面积的开裂裂缝数目

$$b = \frac{N}{A} \ (根/m^2)$$

(3) 单位面积上的总裂开面积

$$C = a \cdot b \ (\text{mm/m}^2)$$

式中 W_i——第 i 根裂缝的最大宽度，mm；

L_i——第 i 根裂缝的长度，mm；

N——总裂缝数目，根；

A——平板的面积 0.36m²。

D.2.2 试件的早期抗裂性评价

试件早期的抗裂性评价准则如下：

(1) 仅有非常细的裂纹。

(2) 平均裂开面积 < 10mm²。

(3) 单位面积开裂裂缝数目 < 10 根/m²。

(4) 单位面积上的总裂开面积 < 100mm²/m²。

按照上述四个准则，将抗裂性划分为 5 个等级：

Ⅰ级：全部满足上述 4 个条件；

Ⅱ级：满足上述 4 个条件中的 3 个；

Ⅲ级：满足上述 4 个条件中的 2 个；

Ⅳ级：满足 1/4；

Ⅴ级：一个也不满足。

上述试验方法和步骤主要用来比较混凝土在早期塑性收缩下的抗裂性。如果延长覆盖养护时间，这时的裂缝可能会更多地反映干燥收缩和自收缩的影响。在以上的抗裂性评价中，未能将初裂时间作为主要的指标考虑，可能是一个缺陷。

哈尔滨工业大学巴恒静平板试件抗裂性试验方法如下：试验前装置好模具，逐个调整和紧固模具上的所有螺栓，在模具底板上铺好低磨阻片材。浇筑试件时将混凝土拌合物分两层浇入模具中插捣振实，每组（相同配合比）成型两个试件，密封养护到初凝时，揭去塑料布将两个试件连同模具置于吹风条件下，保持环境温度为 (20±1)℃，相对湿度为 (50±5)%，用调速风扇产生 0.6m/s 的风速，然后开始观察平板表面的裂缝发生过程。在开始的 3h 内，每 5min 观察一次；当发现有裂纹出现后改为每 10min 观察一次；当混凝土表面出现贯穿裂缝后很少会再有新的裂缝出现，这时改为每 30min 观察一次；到 1d 后，每 0.5d 观察一次直到龄期 3d 为止。记录每个混凝土平板试件开始出现裂缝的时间、裂缝数量、长度、宽度等随时间的变化。根据试件的初裂时间和最大裂缝宽度等数据作为试件混凝土抗裂性的评定指标。

附录 E 混凝土出机口温度、浇筑温度计算

E.1 混凝土出机口温度计算

混凝土出机口温度可按下式计算：

$$T_0 = \frac{(0.2+Q_s)W_sT_s + (0.2+Q_g)W_gT_g + 0.2W_cT_c + (W_w - Q_sW_s - Q_gW_g)T_w}{0.2(W_s+W_g+W_c)+W_w}$$

(E-1)

式中 T_0——混凝土出机口温度，℃；

Q_s——细集料的含水量，以质量百分比计，%；

W_s——每 1m³ 混凝土中细集料的质量，kg；

T_s——细集料的温度，℃；

Q_g——粗集料的含水量，以质量百分数计，%；

W_g——每 1m³ 混凝土中粗集料的质量，kg；

T_g——粗集料的温度，℃；

W_c——每 1m³ 混凝土中胶凝材料的质量，kg；

T_c——胶凝材料的温度，取水泥和矿物掺合料温度的质量加权平均值，℃；

W_w——每 1m³ 混凝土中水的质量，kg；

T_w——水的温度，℃。

E.2 混凝土浇筑温度计算

（1）混凝土浇筑温度可按下式计算：

$$T_p = T_0 + (T_a - T_0)(\theta_1 + \theta_2 + \theta_3) + T_f \tag{E-2}$$

式中 T_p——混凝土浇筑温度，℃；

T_0——混凝土出机口温度，℃；

T_a——环境温度,℃;

θ_1——混凝土装、卸转运时的温度变化系数;

θ_2——混凝土运输时的温度变化系数;

θ_3——混凝土浇筑时的温度变化系数;

T_f——泵送施工时的摩擦升温值,℃,按每100m泵送距离温度升高0.7~0.8℃考虑。

(2) 温度变化系数可分别按下列公式计算:

$$\theta_1 = 0.032N \quad (E-3)$$

$$\theta_2 = A \cdot \tau \quad (E-4)$$

$$\theta_3 = 0.003\tau' \quad (E-5)$$

式中 θ_1——混凝土装、卸转运时的温度变化系数;

N——混凝土装、卸转运次数;

θ_2——混凝土运输时的温度变化系数;

A——热量损失参数,$\min^{-1}$,可按表E-1取值;

τ——运输时间,min;

θ_3——混凝土浇筑时的温度变化系数;

τ'——浇筑振捣时间,min。

表 E-1 混凝土运输时热量损失参数 A 值

运输工具	容积(m³)	A($\min^{-1}$)
混凝土搅拌车	6.0~12.0	0.0030~0.0040
吊斗	1.6~6.0	0.0005~0.0013

注：混凝土搅拌车和吊斗容量小时取大值,反之取小值。

参考文献

[1] 国家建委四局建筑科学研究所. 山砂混凝土[M]. 北京：中国建筑工业出版社, 1979.

[2] 江京平. 建设用砂：GB/T 14684—2001内容概要与人工砂应用前景展望[J]. 建筑技术, 2003, 34（1）：54-56.

[3] 尹志府. 用石砂配制高强混凝土及流态混凝土[J]. 混凝土, 1993,（3）：8-13.

[4] National Crushed Stone Association. Stone Sand for Portland Cement. Concrete Material. 1976, 12.

[5] BONAVETTIV, DONZAH, Menéndez Getc. Limestone filler cement in low W/C concrete：A rational uxe of energy[J]. Cement and Concrete Research, 2003, 33（6）：865~871.

[6] DEWAR JD, ANDERSON R. Manual of Ready-Mixed Concrete[M]. 2nd ed. London：Blackie Academic and Professional, 1992.

[7] KAPLA MF. Flexural and Compressive Strength of Concrete as Affected by the Properties of Coarse Aggregates[J]. American Concrete Institute, 1959, 55（10）：1193-1208.

[8] 杨建辉, 童智洋. 利用机制砂配制自密实混凝土[J]. 世界桥梁, 2003,（1）：30-32.

[9] T. CELIK, K. MARAR. Effect of Crushed Stone Dust on Some Properties of Concrete[J]. Cement and Concrete Research, 1996, 26（7）：1121-1130.

[10] 李北星, 周明凯, 田建平, 等. 石粉与粉煤灰对C60机制砂高性能混凝土性能的影响[J]. 建筑材料学报, 2006,（9）：381-388.

[11] 江京平, 张红心, 李述宝. C60机制砂高性能泵送混凝土的试验研究[J]. 施工技术, 2000, 29（5）：26-28.

[12] 周大庆. 机制砂高性能混凝土配合比设计的研究[J]. 国外建材科技, 2005,（3）：38-41.

[13] 王栋民, 左彦峰, 欧阳世翕. 氯离子在掺不同矿物质掺合料高性能混凝土

中的扩散性能［J］. 硅酸盐学报, 2004, 32（7）: 858-861.

[14] 蔡基伟, 李北星, 周明凯, 等. 石粉对中低强度机制砂混凝土性能的影响［J］. 武汉理工大学学报, 2006, 28（4）: 27-30.

[15] 杨钱荣. 掺粉煤灰和引气剂混凝土渗透性与强度的关系［J］. 建筑材料学报, 2004, 7（4）: 457-461.

[16] 吴明威. 机制砂中石粉含量对混凝土性能影响的试验研究［J］. 铁道建筑技术, 2000,（4）: 46-50.

[17] 李兴贵. 高石粉含量人工砂在混凝土中的应用研究［J］. 建筑材料学报, 2004, 6（2）: 66-71.

[18] 刘秉京. 混凝土结构耐久性设计［M］. 北京: 人民交通出版社, 2007.

[19] 中国建筑科学研究院. 普通混凝土配合比设计规程: JGJ 55—2011［S］. 北京: 中国建筑工业出版社, 2001.

[20] 高小建, 马保国, 朱洪波. 含石灰石粉水泥砂浆在低温环境中的硫酸盐侵蚀［J］. 材料研究学报, 2005, 19（6）: 644-650.